Charlotte Westholz

Launiger Reisebericht einer Kreuzfahrt nach Island und Grönland im Sommer 2018

Jadebaum

Umschlagbild: Adobe Stock 10419296

Bibliografische Information der Deutschen Nationalbibliothek

Die Deutsche Nationalbibliothek verzeichnet diese Publikation in der Deutschen Nationalbibliografie; detaillierte bibliografische Daten sind im Internet über http://dnb.dnb.de abrufbar.

ISBN 978-3-9815898-9-4

Westholz, Charlotte: Launiger Reisebericht einer Kreuzfahrt nach Island und Grönland im Sommer 2018

Untere Mühle 1, 72070 Tübingen-Unterjesingen

Druck: booksfactory, Szczecin

Inhalt

Vorwort

Letzten Sommer setzte ich mir in den Kopf, Grönland zu besuchen. Ich kann mich nicht mehr genau erinnern, aber wahrscheinlich las ich etwas über blau funkelnde Eisberge und mächtige Gletscher. Und meine Tochter erzählte mir eine so berührende Geschichte über die Freundschaft eines Wals mit einer alten Elefantenkuh, dass ich danach geradezu Sehnsucht hatte, in irgendeiner Weise wenigstens eines dieser außergewöhnlichen Geschöpfe durchs Wasser gleiten zu sehen.

Und so kam ich auf die Idee einer Kreuzfahrt. Grönland mit seinen zerklüfteten Fjorden und seiner weiten Einsamkeit ist am geschicktesten mit dem Schiff zu erkunden. Ich unterbreitete diese Idee meinem Freund Florian und schilderte ihm diese Fahrt in leuchtenden Farben – er hatte eigentlich diesen Sommer genug anderes zu tun – damit er seine Arbeit liegenlasse und mich auf das Schiff Aidacara für eine dreiwöchige Kreuzfahrt nach Schottland, Island und Grönland begleite. Keine Expeditionsfahrt, keine kleine exquisite Tour von Hobbyforschern, nein, eine hundsordinäre Kreuzfahrt zusammen mit 1200 anderen Menschen sollte es sein.

Er stimmte etwas verhalten zu, wir packten unsere Koffer, und was wir in diesen drei Wochen erlebt haben, erfahren Sie in diesem sehr subjektiven, aber ziemlich vollständigen Reisebericht. Es war nicht nur die überwältigende Natur, die uns zum Staunen brachte, auch die Schiffsgepflogenheiten waren für uns Neulinge der Kreuzfahrt bemerkenswert.

Wer über eine Schiffsreise in die Gebiete Schottland, Island und Grönland einige Informationen bekommen möchte, kann von diesem kleinen Reisebericht ebenso profitieren wie jemand, der einfach mal wissen möchte, wie es auf einer Kreuzfahrt so zugeht.
Nun also: Schiff ahoi!

Charlotte, im November 2018

Tag 1 – Aufbruch

Der erste Eindruck: das Schiff ist riesengroß! Weiß, still und gewaltig liegt es am Cruise Center Steinwerder und ich frage mich, warum ich, als ich mich in verschiedenen Foren über die Aidacara informierte, öfters den Begriff „die kleine Aidacara" gelesen habe. Ich scheine tatsächlich keine Ahnung zu haben, was heute bei Schiffen möglich ist! Doch schon ist das Auto weitergefahren und unsere Freunde Stefanie und Daniel, bei denen wir die letzten Tage verbracht haben, laden uns und unsere Koffer vor dem Terminal aus, das nun das Schiff verdeckt.

Ein paar Umarmungen und gute Wünsche, und schon reihen wir uns in die gut eingespielte Maschinerie ein, die die neuen Gäste auf dem Schiff geschmeidig von einer Station zur nächsten weiter reicht. Mit freundlichem, aber bestimmtem Lächeln werden wir routiniert empfangen. Wir geben an einer Station unsere Koffer ab, an der nächsten unsere Zettel mit unserer Kabinennummer und unsere Gesundheitserklärung (nein, wir hatten keinen Husten oder Durchfall in den letzten drei Tagen), unser Gepäck wird gescannt, wir bekommen etwas zu trinken und zu guter Letzt unsere Bordkarten. Diese sind für die nächsten Wochen das wichtigste Utensil auf dem Schiff, da man mit ihnen alles an Bord bezahlen kann, sie als Schlüssel für die Kabinentür fungieren und man mit dem Scannen der Karte sehen kann, wer noch auf einem Ausflug ist oder schon wieder an Bord.

Doch zurück zum Terminal. Jeder weiß ganz genau, was zu tun ist, damit die vielen Menschen, die hier eintrudeln, schnell versorgt und abgefertigt sind. Und so gehen wir aufgeregt, nur zwanzig Minuten, nachdem wir angekommen sind, die Gangway entlang, die uns direkt zum Schiff führt. Kurz bevor wir das Schiff betreten, hält uns noch eine der beiden Bordfotografinnen freundlich auf und zwingt uns geradezu, gemeinsam vor buntem Hintergrund mit einem Steuerrad in der Hand für ein Foto zu posieren.

Danach betreten wir endlich das Schiff! Alles wirkt hell und farbenfroh. Wir gehen ein paar Treppen hinunter, denn wir suchen erst einmal unsere Kabine auf Deck 4, eine einfache Innenkabine. Dafür, dass sie quasi eine Höhle ist, ist sie recht gemütlich gestaltet. Es gibt mehrere Lichtschalter für die gut verteilten Lampen, so dass das Zimmer trotz des fehlenden Tageslichts gut beleuchtet ist, zudem mehrere große Spiegel. Florian merkt nach ein paar Tagen an, dass die vielen Spiegel, in denen man sich aus jeder Perspektive beobachten kann, ihn komplett irritieren würden. Mehrere Einbauschränke aus Holz bieten genügend Stauraum. Nur schade, dass die Betten nicht nebeneinander stehen, aber das würde einiges an Platz kosten. Das Bad mit einer Glastür an der Dusche ist natürlich recht klein, aber kompakt und alles wirklich gut durchdacht. Dazu gibt es noch einige Informationsbroschüren, die wir in die Ecke stellen und sofort vergessen, mehrere Wasserflaschen, die man bezahlen muss, wenn man sich verlocken lässt und das Wasser trinkt (und die ich nach drei Tagen entfernen lasse, weil sie zu viel Platz auf dem Schreibtisch wegnehmen; sie sind sowieso völlig unnötig, weil es in jedem Gang einen Wasser-

spender gibt), und einen Fernseher, was vor allem Florian zufrieden zur Kenntnis nimmt.
Die Matratzen sind bequem, das interessiert wiederum mich; das teste ich sofort und lege mich probehalber hin. Die Bezüge in hellem Gelb fühlen sich angenehm auf der Haut an und es gibt sogar ein großes wie auch ein kleines Kopfkissen. Alles ist makellos sauber und in hellen freundlichen Farben gehalten. Auch die Temperatur der Klimaanlage ist genau richtig eingestellt, lässt sich allerdings nur wenig verstellen. Alles in allem sind wir beide von unserem kleinen Zimmer angetan und brennen nun darauf, den Rest des Schiffes zu erkunden.

In der nächsten Stunde schlendern wir durch das Schiff, entdecken die verschiedenen Cafés und die beiden Restaurants, den Sportbereich auf Deck 9, der meiner Meinung nach viel zu offen ist (jeder, der vom vorderen Teil zum hinteren Teil des Schiffes läuft, schaut den Trainierenden zu), die Shops auf Deck 8, die freundliche Rezeption auf Deck 6. An der Calypso Bar am Heck von Deck 9 trinken wir unseren ersten Kaffee bzw. Tee und sehen uns aus dieser Perspektive die Skyline von Hamburg an. Vor uns liegen die in der Sonne leuchtende Elbphilharmonie und riesige Kräne und Vorrichtungen, um die Container umzuladen. Eine beeindruckende Perspektive.
Die Calypso Bar selbst ist im Außenbereich am Heck von Deck 9. Der Tresen der Bar ist rund geschwungen und überdacht. Dort kann man sich an Stehtischen anlehnen und seinen Blick während der Fahrt über das Meer gleiten lassen und langsam beobachten, wie alles Land, das man hinter sich lässt, immer kleiner wird, bis es ganz hinter dem Horizont verschwindet. Bei gutem Wetter werden bei den Mahlzeiten auf Deck 9 auch

die Tische gedeckt. Der schönste Platz zum Essen auf dem Schiff! Eine schöne elegante Bar, findet Florian. Die Calypso Bar wird noch einer unserer Lieblingsplätze werden, auch wenn ich „elegant“ ein wenig übertrieben finde.

Bevor wir abfahren steht noch die Seenotrettungsübung auf dem Programm. Da gibt es kein Entkommen, sie ist absolut verpflichtend für alle. Unsere Kabine ist dem Bereich Y zugeteilt, und als die angekündigte Ansage des Offiziers kommt, strömen wir mit anderen mehr oder weniger orientierungslosen Passagieren samt angezogener Seenotwesten auf Deck 6 zusammen und suchen unseren Bereich. Florian wird von der Menge in eine andere Richtung geschoben. Wenn das ein Ernstfall wäre, würde ich ihn nie wieder sehen! Ich werde von den vielen nachkommenden Passagieren so an die Wand gedrängt, dass ich mich kaum noch rühren kann. Ich bekomme schon von der Übung fast eine Panikattacke. Hoffentlich gibt es keinen Ernstfall!
Da die Übung erst beendet wird, wenn alle da sind und ihre Bordkarten gescannt wurden, zieht sich dieses Sardinenbüchsendasein über mehr als zwanzig Minuten hin. Bestimmte Kabinennummern werden immer wieder ausgerufen, dann ist die Übung vorbei; die renitenten bzw. gehörlosen Passagiere werden im Notfall ihrem Schicksal überlassen. Aber nicht ohne Nachspiel, jetzt bekommen sie wahrscheinlich eine Einzeleinweisung. Zumindest vermute ich das, denn nach der Übung, als alle wieder zurück in ihre Kabinen gehen, ruft eine indifferente Stimme immer wieder dieselben zwei Kabinennummern auf, die sich jetzt – aber pronto – an der Rezeption zu melden haben.

Auf dem obersten Deck warten wir gespannt auf das Ablegen. Plötzlich tönt das Schiffshorn mehrere Male so laut, dass es dröhnt und wir uns ungläubig an die Ohren fassen. Jetzt geht es los! Ganz langsam wie ein aufwachendes Urvieh setzt die Cara sich in Bewegung, „sail away, sail away", das ganze Schiff vibriert, wie in Zeitlupe dreht sie sich um ihre Achse und nach einer kleinen Weile nehmen wir Fahrt auf, verlassen den Hafen, passieren die prächtigen alten Villen Hamburgs, fahren an der Strandperle vorbei, wo ich gestern noch mit Daniel saß und riesigen Frachtschiffen beim Navigieren zugesehen habe, fahren weiter die Elbe hinauf, in Richtung Meer, und jetzt sind wir tatsächlich unterwegs.

Tag 2 – Das Schiff

Es ist früh, erst 6 Uhr morgens, als ich die Augen aufschlage und mich erst einmal im Bett räkele. Ich habe fantastisch geschlafen, der leichte Wellengang hat mich gestern Abend wunderbar in den Schlaf gewiegt. Tatsächlich werde ich nach dieser Reise das leichte Schaukeln und Wiegen des Nachts vermissen. Vermutlich klingen da uralte Erinnerungen nach, wie man als Baby im Arm sicher und geborgen schlummerte. Als Frühaufsteherin hält mich jetzt aber nichts mehr im Bett. Da die Innenkabine komplett dunkel ist, haben wir für die Nacht das Licht im Bad angelassen und die Türe angelehnt. So kann ich mich zumindest orientieren, mich leise anziehen, ohne Florian zu wecken, und mache mich auf, meine ersten Eindrücke des Tages vom Schiff und vom Meer zu sammeln. An der überdachten Poolbar gibt es jeden Morgen von sechs bis neun Uhr Kaffee für Frühaufsteher. Um diese Zeit läuft auch noch keine Musik, es ist angenehm ruhig, nur wenige Menschen trinken noch etwas schlaftrunken ihren Kaffee und blicken dabei aufs Meer. War das Wasser gestern auf der Elbe fast unbewegt, gibt es jetzt etwas Wellengang, so dass man die Bewegungen des Schiffes auch beim Gehen merkt. Das Land liegt schon lange hinter uns, nur Wasser bis zum Horizont, das Nordmeer hat eine dunkle Tiefe und die Wellen lassen immer wieder neue Gischt entstehen. Wie schön, mit einem Schiff unterwegs zu sein!

Als ein paar Stunden später auch Florian wach und munter ist, nutzen wir den Seetag erst einmal, um unser neues Zuhause weiter zu erkunden. Hierzu ein paar Fakten: Die Aidacara ist das erste Schiff der Aida-Flotte und wurde im Jahre 1996 erbaut. Sie ist also schon etwas älter, was man aber kaum sieht, sie ist sehr gut in Schuss. Inzwischen sind noch einige Schiffe mehr von Aida vom Stapel gelaufen. Während unserer Reise fand mit viel Brimborium die Taufe des 13.Schiffes, Aidanova, statt, was an einem Abend sogar live in das Theater übertragen wurde. Die Aidanova ist geradezu riesig und beherbergt mehr als 5000 Passagiere. Originalton Aida: „Mit innovativen Entertainment-, Kulinarik- und Servicekonzepten setzt sie neue Maßstäbe auf dem Meer." Da geht es nicht mehr vorrangig um die Reiseziele, das Schiff selbst mit seinen Angeboten ist das Ziel. Das ist bei der vergleichsweise kleinen Aidacara, die für mein Empfinden immer noch groß ist, anders. Da fühlt man sich noch wie auf einem „richtigen" Schiff!

Die Cara ist 193 Meter lang, 32,6 Meter breit und ca. 40 Meter hoch und trägt, wie die meisten Schiffe, weiß. Allerdings hat sie wie alle Schiffe von Aida einen Kussmund mit Augen am Bug, was wohl frisch und fröhlich wirken soll. Mir persönlich gefällt es nicht besonders, es erscheint mir zu poppig. Das Schiff hat sechs Meter Tiefgang, was ich erstaunlich wenig finde. Etwas kleinere Schiffe haben einen Vorteil: sie können sich zu anderen Zielen hin bewegen und in kleinere Häfen einlaufen. So kann man attraktivere Routen wählen. In dem Punkt liegt die Cara wohl im Mittelfeld.

Aber zurück zum Innenleben der Cara: Es sorgen ca. 380 Crewmitglieder für 1200 Passagiere, und so viele werden es auf dieser Reise wohl auch sein, denn wir sind voll ausgebucht. In zwei Buffetrestaurants, im Markt- und im Calypso-Restaurant auf Deck 8 und 9, werden die Massen abgefüttert; zusätzlich kann man das Selection-Restaurant besuchen, das eine bessere Qualität bietet und bei dem man am Tisch bedient wird. Allerdings muss man hier zuzahlen, aber der Preis hält sich in Grenzen, für ein dreigängiges Menü sind 15 Euro zu berappen. Außer den Restaurants gibt es noch fünf Bars mit unterschiedlichen Öffnungszeiten. Das Konzept von Aida sieht vor, dass alle Mahlzeiten sowie die Tischgetränke im Reisepreis mit enthalten sind. Wasser, Limonaden, Bier, sogar Tischwein ist kostenlos, aber nur beim Essen, nicht an der Bar. Das hat in der Vergangenheit häufig zu Beschwerden geführt, weil Grüppchen nach dem Essen ihren Platz nicht freigaben, sondern munter weiter Bier oder Wein süffelten und einen Platz suchende Gäste ein Nachsehen hatten. Dieser Punkt wurde in Foren häufig angesprochen. Bei der Aidacara habe ich das so nicht beobachtet. Es fanden sich immer Plätze für uns in den Restaurants. Ich vermute, dass das eher ein Problem auf größeren Schiffen ist.

Eine meist nette und manchmal nervige Sache ist das zwangsweise Zusammensitzen mit unseren Reisegefährten. Eine Kreuzfahrt ist eine Gruppenreise, das bedeutet, dass man ständig mit seinen Mitmenschen zusammen ist. Es gibt in den Aida-Restaurants nur wenige Zweiertische, die meist sofort vergeben sind. Zudem gibt es einige Vierertische, die meisten sind Sechser- und Achtertische. Da wir nicht zu denen gehören, die pünktlich zur Eröffnung der Restaurants essen gehen, und da bei uns in großer Überzahl Paare auf dem Schiff sind, sitzen meist schon zwei Personen an einem der großen runden Tische und wir fragen dann freundlich, ob wir uns dazu setzen dürfen. Was natürlich eine eher rhetorische Frage ist. Ich habe nur einmal gehört, wie zwei sich über eine an diesem Tag wohl schlecht gelaunte Person unterhielten, die ihren Bekannten den Tisch verweigert hatte. Diese Person kam nicht gut bei ihnen weg. In der Regel setzt man sich also dazu und findet ein angenehmes kleines Gespräch, das allerdings selten über Smalltalk hinausreicht. Oder die beiden Parteien ignorieren sich in gegenseitigem Einvernehmen.

Dieser Tag verschafft mir den ersten Eindruck, was an Seetagen auf einem Schiff alles los ist. Schon gestern am ersten Abend wurde uns eine Menge präsentiert (auch wenn ich später erfahren sollte, dass das ja nur ein müder Abklatsch gegenüber den Programmpunkten auf großen Schiffen war). Pünktlich um 21 Uhr eröffnete das Sektbuffet und einer der für uns präsentesten Menschen an Bord, der Entertainment-Manager Lord Patrick – Loooord Patrick ausgesprochen – und die Hoteldirektorin begrüßten uns fröhlich mit mehr Animation, als mir lieb ist. Aber der alte Clubschiffgedanke lebt wohl doch noch weiter, auch wenn ich gehört hatte, dass er im Vergleich zu früher sehr zurückgefahren wurde.
Nach einer kurzen Ansage kam Lord Patrick zum Höhepunkt seiner Rede. Mit erhobenen Armen wie ein Messias rief er von der Bühne herunter: „Sie haben Urlaub!“ Hunderte Menschen um mich herum jubeln und stoßen klirrend mit ihren Gläsern an, was die beiden auf der Bühne befriedigt zur Kenntnis nehmen.
Aber was soll dieser Spruch, der geradezu triumphierend gerufen wird, überhaupt bedeuten? Dass ich nun Ansprüche haben darf, an die ich sonst nie denken würde? („lassen Sie sich rundum verwöhnen“) Alle anderen die Drecksarbeit für mich

machen lassen? (ja, absolut, das heißt es) Das Recht habe, die Sau rauszulassen? (aber nur in Maßen, beispielsweise, wenn ich viele Getränke konsumiere, die der Rederei noch mehr Geld in die Kasse spülen, ansonsten mich aber schön unauffällig und kompatibel verhalte). Aber wahrscheinlich meckere ich nur zu viel! Eine gewisse Art der Animation macht mich immer latent aggressiv.

Die Welcome Show mit den Aida-Stars war der nächste Programmpunkt. Mehrere Künstler, Sängerinnen und Sänger, Tänzerinnen und Tänzer, sogar eine Akrobatin, legten voller Energie zusammen eine kleine Madonna-Medley-Show hin. Es machte Spaß, zuzuschauen, auch wenn ich kein Madonna-Fan bin. Anschließend legte DJ Chris auf, tolle Musik, alte Dancefloor-Klassiker und einiges an Soul und Jazz. Ganz mein Geschmack, dass das sonst allgegenwärtige Popgedudel hier außen vor blieb.
Gleichzeitig fanden unter Deck noch eine Lesung, Klaviermusik in der Bar und ein Auftritt von der Liveband Jukebox statt, die fast jeden Abend spielte und die ich trotzdem nur einmal zwei Minuten lang hörte, weil ich immer woanders war. In der Anytime Bar gab es ab 22 Uhr auch noch eine Party, spät wie immer, aber da ich am Abend nach dem normalen Programm meistens zu müde für weitere Veranstaltungen bin, schaffte ich es erst am allerletzten Abend, mal vorbei zu schauen.

Heute Abend ist ähnlich viel los. Das Highlight für viele ist die Kapitäns- und Offiziersvorstellung im Theater. Florian geht kurz vorbei und sagt, der Kapitän hätte eine längere Rede gehalten und ich hätte nicht viel verpasst. Tatsächlich schwärmen mir später ein paar Frauen vor, wie vollkommen begeistert sie von ihrem „Captain" seien und wie ausführlich und gut er immer alles erkläre, was keine Selbstverständlichkeit sei. Da hätten sie schon ganz andere nuschelnde oder schlecht gelaunte Kapitäne erlebt. Nachdem die Offiziere wieder in einer Reihe die Bühne verlassen, tanzen und singen die Aida Stars und halten sogar eine Autogrammstunde ab. Ob da wohl viele hingehen.? Ich passe jedenfalls.

Aber jetzt habe ich schon so viel vom Schiff erzählt, vielleicht sollten wir uns auch kurz vorstellen? Mein Freund heißt Florian, ist Historiker und schreibt an seiner Doktorarbeit, die er samt Computer aufs Schiff mitgenommen hat. Er ist 45 Jahre alt, groß mit dunklen kurzen Haaren, eher ruhig und überlegt und der wunderbarste Mensch auf der Welt. Ich selbst bin Charlotte, Massagelehrerin und freischaffend Kreative, wie man so schön sagt, 51 Jahre alt, mit mittellangen rötlichbraunen Haaren, und völlig reisebegeistert; ich lasse keine Gelegenheit aus, durch die Welt zu jetten und neue Gegenden zu erkunden.

Am Abend bin ich von all den Aktivitäten meines ersten Tages, dem Herumlaufen und mich Umschauen, den neuen Eindrücken und den vielen Menschen um mich herum, dem Vortrag des Bordlektors, der Lesung über schottische Sagen, den Buffets, die sich vor Essen nur so biegen, so müde und vollgefressen, dass ich mich nur mühsam aufraffen kann, mir die Zähne zu putzen und schon um 22 Uhr in meine Koje sinke. Innerhalb von einer Minute schlafe ich tief und fest.

Tag 3 – Invergordon

Der erste Hafen, an dem wir anlegen: Invergordon, ein kleines Dorf im Norden Schottlands, verlassen und ein bisschen abgewrackt wie seine Ölbohrplattformen, die wir bei der Einfahrt in den Fjord passieren. Fast alle unserer Mitreisenden haben Touren zu Loch Ness und Umgebung gebucht und plaudern munter beim Warten auf Deck 6, bis der Landgang freigegeben wird.

In Invergordon selbst gibt es nicht viel zu sehen. Ich frage mich ernsthaft, wie man in so einem verlassenen grauen Dörfchen leben kann, ohne deprimiert zu werden. Das denken sich wohl noch andere, denn wir sehen, während wir durch das Dorf gehen, keinen einzigen Einheimischen. Entweder sie sind schon vor einer Weile in das pulsierende Edinburgh abgehauen oder die, die geblieben sind, verstecken sich vor der Invasion der nervigen Tagestouristen in ihren Wohnungen und ziehen die Vorhänge zu.

Unser Premium Lektor Jörg Trobitzsch (was ist ein Premium Lektor? Florian und ich hätten ihn fragen sollen; er wird auf den Aida Informationsblättern konsequent so genannt) hatte bei seinem Vortrag über unser erstes Ziel am Tag zuvor noch etwas süffisant gesagt: „Wer übrigens mit dem Zug fahren will, dem möchte ich sagen: ich habe noch nie einen in Invergordon gesehen! Und Sie wissen, das Schiff wartet nicht auf Sie, wenn Sie zu spät kommen." Später im Vortrag erwähnt er auch, dass auf verschiedenen Touren noch Plätze frei wären.

„Meinst du, Aida schreibt ihm vor, dass er das sagen soll?" hatte ich Florian während des Vortrags zugeflüstert. Das erschien mir allzu offensichtlich. Die Touren auf dem Schiff werden intensiv beworben und man wird auch allgemein immer wieder dazu aufgefordert, zusätzliche Angebote zu kaufen oder zu buchen.

Des Lektors Rat wurde wohl beherzigt, denn Florian und ich sind die einzigen, die sich eine Stunde nach der Ankunft am kleinen Bahnhof mitten in Invergordon wieder finden. Der Bahnhof ist tatsächlich der interessanteste Punkt hier im Dorf. Er ist zwar klein und nur mit einem Gleis ausgestattet, aber viele der Wände des kleinen Bahnhofsgebäudes wurden mit historischen Szenen, auch aus dem zweiten Weltkrieg, bunt bemalt. Doch dann kommen doch noch ein paar Leute angeschlendert, um die Bilder zu fotografieren. Florian, der begeistert von der Idee ist, in Schottland Zug zu fahren, erzählt ihnen sofort von unserer Fahrt. Doch die beiden, ein älteres Paar aus Mecklenburg-Vorpommern, winken ab. Sie möchten nur ein wenig durch das Dorf spazieren. Sie plaudern ein wenig am Gleis mit uns und leider, ich weiß gar nicht mehr, wie es kommt, sind wir – na, bei welchem Thema wohl? – beim Thema Flüchtlinge angekommen. Die Frau sagt bedeutungsschwer, während sie die ganze Zeit mit dem Kopf nickt: „Die kommen nicht nur wegen dem Krieg“, als wäre das etwas Unerhörtes. Ich frage nur: „Sind Sie etwa rechts?“ „Nein, nein, ich bin nicht rechts“, sagt sie dann konsterniert. Ihr Mann argumentiert auf eine etwas gehetzte Art weiter: „Das geht nicht, dass dann kein Geld mehr übrig ist für unsere Senioren und unsere Schulen, nur weil die alles kriegen. Alles kriegen die!“
„Geht es Ihnen denn schlechter als früher?“, frage ich.

„Nein, uns geht es gut, noch geht es uns gut, aber wer weiß, was die Zukunft bringt."
Ach, immer diese Angst, die alles Schöne kaputt macht!
Als überzeugter „Linker" ist Angst und ihre gesellschaftlichen Auswirkungen (daher kommt ja diese Fremdenfeindlichkeit) eines von Florians Lieblingsthemen. Freundlich und eloquent erzählt er ihnen in wenigen Sätzen etwas, das sie offensichtlich gar nicht hören wollen, weil sie ja schon ihre Meinung haben. Schnell gehen sie wieder weiter, es ist zu offensichtlich, dass wir nicht zusammenpassen. Die Frau ruft mir noch hinterher: „Nicht dass Sie das denken; wir sind nicht rechts." Trotzdem sind sie in unserem Kopf ab jetzt als „die Rechten" abgespeichert. Wie ich schon in einem Buch las: die Wahrscheinlichkeit, eher links eingestellte Personen auf dem Schiff zu treffen ist weit geringer als auf einige AfD-Wähler zu stoßen.

Aber zurück zum Ausflug. Nach wenigen Minuten kommt unser Zug. Unser Ziel ist ein prächtiges altes Schloss, Dunrobin Castle, mit einem noch prächtigerem Garten nach Versailler Vorbild, der unglaublich malerisch zum Meer hin abfällt. Dafür müssen wir etwas mehr als eine Stunde in Richtung Norden fahren, eine sehr schöne Fahrt, denn der Zug fährt direkt an der Küste entlang. Die Sonne scheint, aber es ist kühl, was uns nach diesem heißen Sommer sehr willkommen ist. Da der Besitzer des Schlosses selbst die Zughaltestelle gebaut hat, ist das Schloss auch nur einen kleinen Spaziergang entfernt und sieht schon aus der Ferne sehr beeindruckend aus. Mächtig, mit vielen Türmen und Seitenflügeln und insgesamt 189 Zimmern macht es einen prächtigen Eindruck auf uns. Wir kaufen uns für wenige Pfund ein Ticket und flanieren zuerst durch den blühenden Garten, bevor wir das Schloss von innen erkunden und die vielen Gemälde und altenglischen Möbel angemessen bewundern. Danach trinken wir eine Tasse heiße Schokolade im hauseigenen Café. Für die Rückfahrt stehen wir am Gleisrand und winken dem Lokführer, der an dieser Haltestelle nur auf Aufforderung hält, und sind rechtzeitig für die Abfahrt des Schiffes wieder an Bord.

Da wir das Mittagessen verpasst haben, haben wir jetzt richtig Hunger und machen uns zu einem frühen Abendessen auf. Tagsüber gibt es in beiden Restaurants mehr oder weniger dasselbe, doch am Abend gibt es jeweils ein Motto, das beim Essen berücksichtigt wird. Wir können heute zwischen den USA und Schottland wählen. Da wir schon vor ein paar Jahren in Schottland waren, wissen wir, die Küche ist nicht der Grund, weswegen man nach Schottland fahren sollte! Was war nochmal die schottische Spezialität? Haggis, ein munterer Eintopf mit allerhand Innereien von Schafen. Nein danke, ohne uns. Wir gehen in das Markt Restaurant mit dem Thema USA. Eigentlich lässt das keinen kulinarischen Knüller erwarten. Wenn ich an das Essen der USA denke, fällt mir eigentlich nur Fastfood ein, Burger und so. Florian findet das Essen aber richtiggehend geil. Es gibt Kartoffeln in den unterschiedlichsten Formen mit verschiedenen fetten Saucen und kleine frittierte Käse-Chili-Dinger, die er sich zwei Mal vom Buffet nachholt.
Florian sagt: „Das sind die USA zusammengefasst: Anmacherei."
Ich: „Wie Anmacherei?"

Florian: „Die USA sind ja in jeder Hinsicht mehr Schein als Sein. Guck dir diese Militärdokus an, die immer auf N24 laufen, in denen ständig US-Waffentechnik vorgeführt wird. Einfach immer zeigen, wie toll man ist. Oder schau dir Trump an. Alles schreit immerzu nach Aufmerksamkeit."
Ich: „Wie deine Kartoffelhälften mit vier verschiedenen Saucen?"
Florian: „Genau!"
Später am Abend sind wir zu müde und zu vollgefressen, um zur Poolshow mit Namen „Rhythm" zu gehen. Wir fallen um 21 Uhr einfach ins Bett. Wenn das so weiter geht, werde ich das Nachtleben noch komplett verpassen!

Tag 4 – Tante Woo

Schon haben wir Schottland hinter uns gelassen und sind auf dem Weg nach Island. Der Kapitän hatte drei bis vier Meter hohe Wellen prophezeit, und tatsächlich fühle ich mich heute Morgen etwas wackelig. Das Schiff schwankt doch beträchtlich, und ich gehe nach dem Frühstück zurück in meine Kabine und nehme meine vorsorglich mitgebrachten Ingwertropfen ein. Entweder das oder das Frühstück hilft; mir geht es sofort besser! Als ich später eine Mitarbeiterin vom Shop frage, was denn die Crew gegen Seeübelkeit macht, sagt sie: „Viel essen!" Na, an Essen besteht hier wirklich kein Mangel!

Vor dem Mittagessen gehen wir zu einem Vortrag der Edutainerin Sabine Haupt: „Hygge – Glücklich mit der skandinavischen Lebensphilosophie." Da bin ich mal gespannt! Die Sabine – die ausdrücklich gerne geduzt werden möchte – plaudert nett und enthusiastisch über das dänische Lebensgefühl, dass alle gleich sind, dass es darum geht, es sich gemütlich im Leben zu machen, bloß raus aus der Stressfalle. Ich höre ihr gerne zu, denn das Thema interessiert mich. Aber die Dänen als das beste Vorbild an Lebensführung zu nehmen ist doch etwas übertrieben, wenn man wiederum sieht, wie schlecht sie beispielsweise die Grönländer behandelt haben. Aber ein bisschen Übertreibung bringt die message gut rüber. Und was soll ein Vortrag auch bewirken? Er kann nur Impulse setzen, und das funktioniert immerhin bei uns: Florian und ich entscheiden uns, auf unserer Reise ab jetzt alles Hygge zu finden (was ich natürlich nicht hinkriege)!

Ein großer Teil von Sabines Vortrag ist der Vorstellung der Seminare gewidmet, die sie während der Reise hält. Aber von Hygge habe ich genug gehört, und mit Aromatherapie, Sabines anderes Steckenpferd, kenne ich mich selbst gut aus.
Sehr nett ist die Geschichte, die sie erzählt, wie sie überhaupt zu Aida kam, was einem durchaus auch als Beispiel dienen kann, bei seinen Zielen nicht locker zu lassen. Sabine machte eine Reise auf der Aida, fand es toll und wollte nun gerne hin und wieder auf dem Schiff – sie ist Coach und Burnout-Therapeutin – Vorträge halten und Kurse geben. Sie rief daraufhin alle zwei Monate bei Aida an, doch es ergab sich nichts. Als Sabine dann wieder einmal mit der Zuständigen telefonierte, sagte sie kurzerhand: ich komme jetzt einfach vorbei! Die Mitarbeiterin von Aida sagte: „Äh, okay" und beim persönlichen Gespräch wollte man sie gerade schon wieder ablehnen, als der Dame plötzlich einfiel: „Können Sie stricken und häkeln? Da bräuchten wir dringend jemand." Jetzt also gibt Sabine auf dem Schiff einen Strick- und Häkelkurs – bei dem ich beim ersten Mal vorbei schaue, um mir vielleicht eine Mütze zu häkeln, aber es sind so unglaublich viele Leute da, dass ich wieder gehe – und dazu bietet sie ihre Lebensberatungsangebote an.

Da wir schon ein paar Tage vor dem Beginn der Kreuzfahrt unterwegs waren, suchen wir am Nachmittag die Wäscherei auf Deck 7 auf und kommen mit so vielen Leuten ins Gespräch wie in den ersten Tagen nicht. Alle schneien kurz herein, um sich den Waschraum mal anzuschauen, der übrigens sehr sauber und mit je vier Waschmaschinen und Trocknern auch gut ausgestattet ist. Florian bügelt seine Hemden, ich sitze dabei, und viele kommentieren diese für einen Mann anscheinend ungewöhnliche Tätigkeit. Das ist zum Teil lustig und zum Teil auch schräg. Eine ältere Frau sagt lachend zu mir: „Den haben Sie aber gut erzogen“. Ein bisschen sexistisch klingt das schon, möchte ich am liebsten antworten, aber sie ist schon wieder weg. Da merkt man, dass die allermeisten auf dem Schiff jenseits der 60 oder 70 sind. Später im Restaurant sagt im Vorbeigehen eine Frau zur anderen: „Schau mal, da ist der Bügler.“ Na, es gibt wohl schlimmere Bezeichnungen.

Unser Highlight heute Nachmittag sind die Färöer Inseln. Im Sonnenlicht wirken die gewaltigen dunklen, ja fast schwarzen Felsen urtümlich und wie aus einer anderen Zeit. Es gibt kein Anzeichen von Siedlungen an der Ostküste, als wir vorbei fahren. Einfach ein großer Felsen im Meer.

Auf die Show von Tante Woo und Roman Who? heute Abend freue ich mich besonders. Und werde nicht enttäuscht! Die beiden ausgebildeten Opernsänger, der eine als sexy und überkandidelte Dame gekleidet, der andere mal ihr Geliebter, mal ein Lästermaul, liefern uns eine schöne Show, ein bisschen schräg und natürlich voller sexueller Anspielungen. Doch was wäre eine Travestie-Show ohne Sex? In den besten Momenten meint man Georgette Dee auf der Bühne zu hören. Sie singen sich mit ihren schönen tiefen Stimmen durch das Udo-Jürgens-Repertoire und interpretieren seine Lieder launig und gekonnt. Tante Woo, der Transvestit, sieht melancholisch aus, wenn er nicht singt.
Währenddessen trägt uns das Schiff stampfend durch das Nordmeer. Die Wellen erreichen während der Show ihr Maximum des Tages, bis zu fünf Metern, und ich applaudiere allei-

ne schon dafür, dass Tante Woo sich mit ihren hohen Stöckelschuhen aufrecht auf der Bühne halten kann.
„So stelle ich mir die letzten Stunden der Titanic vor. Drinnen tobt die Glitzershow, während das Schiff uns durch das eisige Nordmeer trägt", sagt Florian, „es ist dekadent und auch ein bisschen aufregend."

Ein paar Tage später treffe ich Tante Woo im Jogginganzug mit Kapuze an der Bar auf Deck 10, aber trotzdem erkenne ich ihn sofort. Er erzählt, auf wie viele Kreuzfahrten er und sein Gesangspartner im nächsten Jahr gebucht sind und dass er es manchmal langweilig auf dem Schiff findet. Das kann ich gut verstehen, es sind wohl nicht seine Leute hier. Normalerweise treten sie in Sankt Pauli auf. Aber er sagt, er liebe es, auf das Meer hinauszuschauen.
Später erfahre ich während eines Interviews, das Lord Patrick mit ihm führt, dass er früher Leiter einer Oper war und durch ein Burnout gezwungen wurde, aufzuhören. Die Gesangsshow, mit der die beiden seit zwei Jahren auftreten, dient auch dazu, Geld für psychisch kranke Künstler zu sammeln. Dafür haben sie extra einen Verein gegründet und sind quasi ehrenamtlich unterwegs. Manchmal ist es ganz anders, als man denkt.

Tag 5 – Seyðisfjörður

Der Morgen beginnt mit schönstem Sonnenschein, und so soll es auch den Rest des Tages bleiben. Während wir in den Fjord hineinfahren, genießen wir frisch gebackene Zimtschnecken und heiße Schokolade auf dem Pooldeck mit den Offizieren. Diese werden hin und wieder abgeordnet, um uns Leckereien zu kredenzen, oder auch um Cocktails zu mixen, eine wohl manchmal willkommene und auch manchmal nervige Aufgabe.

Alle meine Mitreisenden sind schon früh aufgestanden, um den Fjord in der Morgensonne zu fotografieren, überall um mich herum wird fleißig geknipst und nach dem schönsten Winkel gesucht. Nur ich habe keine Kamera dabei. Dafür macht Florian Fotos für zwei, aber im Moment liegt der Nachtschwärmer noch in der Koje.

Um 9 Uhr laufen wir in Seyðisfjörður ein, einem kleinen ruhigen Städtchen, oder eher Dorf, das seine Existenz dem Heringsboom zu Beginn des 20.Jahrhunderts verdankt. Es liegt wunderschön im Osten Islands in einer Bucht am Ende eines langen Fjords und ist von drei Seiten von Bergen und Wasserfällen gesäumt.

In dieser verlassenen Gegend gab es nur wenige Touren zu buchen, vor allem kleine Wanderungen in die Berge zu idyllisch gelegenen Wasserfällen, ansonsten empfiehlt man uns einen Spaziergang durch das Dorf. Wir lassen uns an der Information im Hafen einen Wanderplan geben und mehrere kleine

Wanderungen erklären, dann gehen wir das hübsche Dörfchen erkunden.
Es fühlt sich so an, als würden wir den Platz geradezu fluten, so viele sind wir. Und nicht nur die Aida, auch ein amerikanisches Schiff liegt in der Bucht auf Reede. So ist es nicht einfach, im einzigen netten Café des Ortes einen Platz zu finden. Wir sitzen zwischen lauter Amerikanern, trinken Tee und ich frage mich, ob es nicht interessanter gewesen wäre, ein nichtdeutsches Schiff zu buchen. Englisch sprechen wir ziemlich gut, das sollte kein Hinderungsgrund sein. Ich hatte nicht gedacht, dass es wirklich 98 % Deutsche auf dem Schiff sein würden. Der Rest sind ein paar Schweizer und Österreicher und aus dem EU-Ausland gibt es nur einzelne Versprengte. Ein anderes Schiff hätte uns noch neuere Eindrücke verschaffen können, denn auf deutsche Kultur und deutsche Küche kann man im Ausland auch mal verzichten. Davon haben wir daheim genug. Bei vielen Auslandsaufenthalten habe ich gelernt: es findet sich kaum ein muffligeres Volk als die Deutschen. In Punkto Charme und Freundlichkeit können wir uns bei fast allen Ländern eine Scheibe abschneiden.
Eigentlich hatten wir eine andere Idee für Seyðisfjörður als wandern zu gehen. Ganz egal, wo in der Welt wir uns gerade befinden, wenn es einen Postbus in der Nähe gibt, ist Florian nicht zu bremsen. Deshalb hatte er schon zu Hause die Postbusfahrt geplant. Nun ist aber Ende August, und der täglich fahrende Postbus zwischen Seyðisfjörður und Egilsstaðir hat gerade seine Zeiten geändert, nun gilt der Winterfahrplan. Wenn wir jetzt den Postbus nehmen würden, kämen wir knapp zu spät. Kurz gesagt, das Risiko, zurück zu bleiben, ist uns zu hoch. Also lässt Florian den Plan schweren

Herzens sausen, fotografiert den Postbus nur bei der Abfahrt und macht sich auf eine Wanderung den Berg hinauf zu einem Wasserfall.

Ich hingegen gehe nach einer Weile wieder zurück zum Schiff, da ich heute meine Achillessehne besonders spüre und eine Wanderung ihr sicher nicht gut tut.

Aber egal: die Calypso-Bar und ein guter Latte Macchiato locken mich, und so aale ich mich in der vollen Sonne und genieße das durch die vorbei ziehenden Wolken immer wechselnde Panorama. Obwohl es nur 7 Grad warm ist, ist die Sonne sehr intensiv. Es ist still und wunderschön, und als wir um 17 Uhr wieder auslaufen, mit dem Schmachtfetzen „sail away" von Enya, einer Sängerin, die mit diesem Lied ihren internationalen Durchbruch hatte, sind alle berührt „Let me sail, let me sail, let the Orinoco flow. Let me reach, let me beach on the shores of Tripoli."

Wie schon die Edutainerin Sabine sagte: „Ich muss jedes Mal weinen, wenn wir auslaufen." So schlimm ist es bei mir nicht, und überhaupt finde ich das Lied etwas inflationär, da es wirklich jedes einzelne Mal gespielt wird, wenn man einen Hafen verlässt. Doch an diesem Tag passt die irische Musik so wunderbar zur Natur, dass ich und Florian uns glücklich umfassen und bewundernd alles in uns aufnehmen.

Den Gastkünstler, einen Bauchredner, lassen wir heute Abend aus, aber ein Stündchen hören wir uns noch isländische Sagen von der Schauspielerin Daniela Klaßen an. Sie hat geradezu schauerliche Geschichten im Programm, mit einer Fülle von Details, und es macht Freude, sie mit ihrer sehr wandelbaren schönen Stimme zu hören. Sie ist eine der Gastkünstlerinnen, die wirklich viel zu tun haben. Es gibt kaum einen Tag, an dem sie nicht liest, und manchmal, wie heute, sogar zwei Mal, denn später ist noch die Ladies Saunanacht mit Lesung im Body & Soul Spa geplant. Diese ganzen Extra Veranstaltungen, die man auch zusätzlich zahlen muss, sind mir aber sowieso zu viel. Ich weiß nicht, wann die anderen Menschen auch noch dafür Zeit finden.

Der Body & Soul Spa selbst sieht im Eingangsbereich schick und gepflegt aus, aber weiter habe ich es nicht geschafft, hinein zu kommen. Einmal habe ich mir das Programm angeschaut, fand es aber überteuert. Eine Massage von 60 Minuten für 99 Euro zum Beispiel. Ich bin eher gewohnt, mich in Thailand oder Indien, wohin ich manchmal fahre, für 8 oder 12 Euro die Stunde massieren zu lassen. Oder mich auszutauschen, denn da ich selbst auch Massagekurse gebe, kenne ich viele Menschen, die auch massieren. Also ist der Spabereich nicht der richtig Ort für mich.

Anders die Sauna, die gerade bei einer Nordlandtour ein schöner Entspannungsort ist. Der Saunabereich am Heck von Deck 10 bietet wunderschöne Ausblicke, während man gemütlich nach dem Saunagang im Sessel sitzt und ein bisschen doofe Frauenzeitschriften liest (andere habe ich hier nicht gefunden). Man kann sich auch auf eine Matratze auf einem Podest legen und eine Runde schlafen, und Getränke stehen ebenfalls bereit. Leider lässt sich Florian nicht zu einer gemeinsamen Saunarunde bewegen, aber ich gehe auch gerne alleine hin und fühle mich danach wie neugeboren.

Tag 6 – Akureyri

Wir haben tatsächlich Glück mit dem Wetter. Heute gibt es zwar wenig Sonne, aber markante Wolkenformationen hängen am Himmel und die Temperatur erreicht sogar 10 Grad. Unser Weg heute Nacht war recht kurz, denn wir sind nur nach Akureyri geschippert, der zweitgrößten Stadt des Landes. Auch Akureyri liegt sehr malerisch, nur diesmal im Norden, am Ende des längsten Fjords Islands.
Hier ist ein guter Ausgangspunkt, um viele der beeindruckenden Naturphänomene der Vulkaninsel Island zu entdecken. Doch das denken sich auch andere. Als wir morgens um 8 Uhr ankommen, sind schon drei andere Kreuzfahrtschiffe im Hafen, davon zwei weit größer als die Cara.

Gleich nach dem Anlegen gehen wir von Bord, denn wir haben mit ungefähr einem Dutzend anderen Mitreisenden einen Ausflug bei dem Anbieter Fabtravel gebucht. Mit einem Kleinbus besuchen wir die bemerkenswertesten Sehenswürdigkeiten des Nordens. Pseudokrater, die sich wie süße Minivulkane in die Landschaft schmiegen, obwohl sie einfach durch Wasserblasen entstanden und die dunklen Burgen, Dimmu Borgir, besondere durch Magma hervorgerufene Gesteinsformationen, durch die wir gemeinsam (damit wir uns nicht verlaufen, womit unser Reiseführer wohl schon schlechte Erfahrungen gemacht hat) einen Spaziergang machen. Wir besuchen nach Schwefel und faulen Eiern stinkende Löcher, Schwefelquellen, bei denen man es nicht lange aushält und ich gut verstehen kann, dass frühere Bewohner des Landes die Vorstellung hatten, dass hier der Eingang zur Unterwelt sei, und spazieren mit mehreren Busladungen voller Menschen am Wasserfall der Götter entlang, dem Goðafoss, einen der schönsten Wasserfälle, die ich je gesehen habe. Florian versucht minutenlang, den Wasserfall zu fotografieren, ohne dass ein Dutzend Menschen ins Bild läuft, muss aber entnervt aufgeben.

Island hat seit einigen Jahren einen boomenden Tourismus. Auch wenn über weite Flächen kaum jemand wohnt und man auch nicht viele Autos auf den Straßen sieht, an den touristischen Attraktionen sammeln sich die Reisenden aus aller Welt. Als ich unseren Reiseführer frage, wie die Isländer diesen Boom denn finden, sagt er: „Das ist natürlich toll, denn viele haben nach der Krise 2008 Arbeit im Tourismus gefunden. Wovor wir allerdings wirklich Angst haben, sind die Chinesen, die sich oft daheim einen Führerschein kaufen, ohne Ahnung vom Auto fahren zu haben, und sich hier dann einen Mietwagen nehmen und sich völlig überschätzen. Die wissen oft nicht einmal, wie man rückwärts fährt. Da gibt es regelmäßig schwere Unfälle." Ich kann mir tatsächlich nur schwer vorstellen, dass die rund 340.000 Einwohner nicht auch ein Stück weit mit den vielen Touristen hadern, die ihr Land jährlich besuchen – im Jahr 2017 waren 2,5 Millionen. Und das trotz der gesalzenen Preise für alles im Land – außer für Strom und Wärme, das ist wiederum spottbillig.
Mein Highlight zur Mittagszeit ist das Naturbad Myvatn in der Nähe des Myvatn-Sees, ein natürlicher steinerner Pool, wo ich mich im sanft bläulich schimmernden Wasser, das tief aus dem Inneren der Erde hochgepumpt wird und voller Mineralien ist, eine Stunde lang wie ein Seehund aale und erfrischt

wieder in den Bus steige. Florian hingegen ist baden gehen zu langweilig. Er hat in der Zeit einen nahen Berg bestiegen, wo er einen weiten Ausblick über die karge Lavalandschaft genießt und viele Fotos mitbringt.

Unser Fahrer ist wirklich ein Unikum, ein Mann von vielleicht Ende 50, Kettenraucher, der uns mit einem ungeheuren Tempo durch die Gegend fährt und uns dabei an seinem Wissen teilhaben lässt. Nachdem er uns von allen möglichen geologischen und sonstigen Besonderheiten Islands erzählt hat – von den Wikingern, die Island zuerst besiedelten, der eurasischen und amerikanischen Erdplatte, der Entstehung der speziellen Naturphänomene, die wir besucht haben – wendet er sich seinem Lieblingsthema zu, Politik und Gesellschaft, und liefert uns tiefgründige und durchdachte Informationen und Analysen über die Rolle Islands in Europa, die Bankenkrise im Jahre 2008, wie die Isländer sie überwanden usw., die uns gebannt lauschen lassen. Nach fast sieben intensiven Stunden entlässt er uns wieder am Schiff; ein bisschen muss ich doch aufatmen, die Fahrt überlebt zu haben und nicht in einen isländischen Abgrund gestürzt zu sein.

Ich kann mich gerade noch so aufraffen, am Abend ins Theater zu gehen. Es gibt eine Show mit Braidon Morris, wie das Bordprogramm sagt: Zauberei und anderer Wahnsinn: „Freuen Sie sich auf den skurrilsten Künstler, den Schottland zu bieten hat." Doch ich finde es nur mäßig lustig und nicht sehr einfallsreich, da lobe ich mir doch Monty Python.
Ich gehe lieber wieder in die Kabine, wo im Fernsehen gerade zum wiederholten Male „Victoria & Abdul" läuft. Das bord-

eigene Filmprogramm beinhaltet vier Filme, die jeden Tag in Dauerschleife gesendet werden, und irgendwie scheinen wir ausgerechnet auf diesen kitschigen öden Kostümfilm über Königin Victoria und ihren indischen Diener Abdul abonniert zu sein. Ich habe den Schluss schon drei Mal gesehen und kann die Dialoge schon mitsprechen, weiß aber immer noch nicht, wie Abdul überhaupt an den Hof von Viktoria kam. Florian stört die Wiederholung nicht. Er lässt es einfach an sich vorbei prasseln und sagt, dass ihm die Kostüme und Judi Dench als Königin gefallen. Das ist auch eine Form, abzuschalten.

Tag 7 – Hohe Wellen

Der Wellengang ist schon beim Aufstehen heftig, vier bis fünf Meter hoch sollen sie sein, sagte der Kapitän, und so gehe ich nach der bewährten Kombi großes Frühstück plus Ingwertropfen erst einmal auf das Umlaufdeck, um mir die Wellen anzuschauen. Sie sind tatsächlich gewaltig und dunkel und man sieht, was für eine Kraft in ihnen steckt. Nun, wir sind auf dem Weg von Island nach Grönland, und bei der Fahrt durch diese wilden Regionen darf das Meer ruhig auch einmal wild sein. Übrigens ein Weg von 875 Seemeilen, was 1620 km entspricht, sagt meine Bordzeitung von heute.
Florian bleibt mit Kopfschmerzen noch eine Weile in der Kabine. Er reagiert auf den hohen Seegang, wie sich später bestätigt, nicht mit Übelkeit, sondern mit Kopfweh und Erschöpfung. Ich aber beherzige einen weiteren Tipp eines Crew-Mitglieds bei hohem Seegang: Halte dich beschäftigt! So gehe ich erst zum „Starker Rücken" Kurs. Den rund fünfzehn Teilnehmern fällt es mitunter schwer, das Gleichgewicht zu halten, vor allem, wenn man zwischendurch auf einem Bein balancieren muss, aber es lenkt tatsächlich ab. Zudem muss man dem Daueressen hier auch mal etwas entgegensetzen. Auf einer dreiwöchigen Kreuzfahrt nehmen die Passagiere durchschnittlich 3 kg zu, wie uns erzählt wurde.

Danach werde ich kreativ: ich bastele Nanas aus Zeitungspapier und Gipsstreifen. Das ist eine lustige Vorstellung für mich, auf dem Schiff basteln zu gehen, aber warum nicht? Ich bin schon immer ein Fan dieser bunten Figuren mit ihren riesigen

Brüsten von Niki de Saint Phalle gewesen. Ich mache mir eine innerliche Notiz, bald wieder in die Toskana zu fahren und ihren ungemein beeindruckenden Tarotgarten zu besuchen. Doch jetzt komme ich erst einmal zu spät und setze mich zu den vielleicht zehn Mitstreitern dazu, die mit Hochenergie daran arbeiten, das Papier in irgendeine figurenähnliche Form zu bringen. Was mich wundert: es wird kein Wort geredet. Außer „reichen Sie mir mal das Wasser?" oder „kann ich noch ein paar Gipsstreifen haben?" wurstelt jeder so vor sich hin. Edutainerin Sabine hatte mir ja schon ihren Strickkurs angepriesen mit „da kommt man mit allen ins Gespräch, das ist total nett bei uns", aber beim den Nanas hat niemand Zeit für ein paar Worte. Aber was soll's? Nach zwei Stunden, die wie im Flug vergehen, hat jeder seine Figur mehr oder weniger mit Gipsstreifen überzogen und alle möglichen Leute sind hereingeschneit, weil sie das so toll finden, was wir machen. Eigentlich ist das Nanabasteln nämlich für Jugendliche gedacht. Aber da es keine gibt an Bord, die Armen müssen jetzt alle in der Schule hocken, wurde der Kurs für uns älteres Volk angeboten.
Die Kreativchefin macht Fotos von uns, das soll an die Zentrale geschickt werden, damit sie sehen, wie begeistert wir am Werkeln sind. An einem weiteren Termin, der in der Bordzeitung angekündigt wird, werden die Figuren dann bemalt, kündigt uns unsere nette Bastelchefin Doris an.

Überhaupt die Bordzeitung! Das jeden Abend an unsere Kabinentür geheftete Blättchen ist unser Wegweiser für den nächsten Tag. Darin stehen kleine Erklärungen der Nautik, wie z.B. man sich Stabilisatoren vorzustellen hat, die Zeitum-

stellungen werden angesagt (wir verlieren bis Grönland vier Stunden), die Themenabende in den beiden Restaurants werden angekündigt (heute Russland und England), und es enthält das gesamte Bordprogramm des Schiffes, wobei es für die Sportkurse noch einen gesonderten Flyer gibt. Die Highlights des Tages werden besonders hervorgehoben als Top 1 bis 3, damit man auch wirklich weiß, was wichtig ist.
Zudem steckt die Bordzeitung auch voller Werbung, denn Aida möchte uns gerne jederzeit noch irgendetwas andrehen, von dem wir noch nicht wissen, dass wir es unbedingt brauchen. In der Zeitung des heutigen Tages wird beworben: Es ist Body & Soul Wellnessday, und da gibt es 20 % Vergünstigung bei einer Thalgo-Anwendung (eine Art Pflegeprodukt mit Basis Meersalz, glaube ich), zudem gibt es 10 % Vergünstigung auf die Marke adidas im Shop. Man kann für 5,50 Euro „einzigartige Grüße“ mit der Spezialpostkare der Prinz-Christian-Sund-Passage versenden (was wir sogar machen, weil Florian den Stempel haben möchte) und in den Shops gibt es heute einen Nachlass von 10 % beim Kauf von zwei Teilen, sogar auf schon reduzierte Artikel (das mit den Shops stand an zwei unterschiedlichen Stellen in der Zeitung, deshalb auch hier zwei Mal). Dann ist noch Schmucktag in der Galerie: dort gibt es eine „erlesene Auswahl an einzigartigem Unikatsschmuck.“

Man wird ständig mehr oder weniger subtil gedrängt, ein paar Euros locker zu machen. Vor allem die Touren werden immer wieder angeboten. Wenn man im Theater sitzt, kann es sein, dass Lord Patrick zuerst sagt, es seien am nächsten Tag noch Plätze frei zu diesem oder jenem speziellen Ort, und man müsse sich beeilen, um noch etwas zu bekommen. Auch in den Fahrstühlen hängen die aktuellsten Aktivitäten, die man buchen kann, wie ein Rundgang in das Innerste des Schiffes samt Dinner im Selection Restaurant für schlappe 99 Euro. Wer also zu viel Geld hat, kann es hier auf vielfältige Weise loswerden.

Am allernervigsten – und das ist nicht persönlich gemeint, denn sie lächeln mich immer sehr nett an – sind allerdings die beiden Bordfotografinnen, die einem immer im Weg stehen, wenn man es gerade nicht gebrauchen kann. Zum Beispiel tun Sie das gerne am Ende der Treppe, wenn man das Schiff verlässt und sorgen damit für einen vollkommen unnötigen Rückstau.
Ich weigere mich meistens, mich knipsen zu lassen, aber ihr Job scheint zu sein: Fotos machen, egal ob die Kunden das wollen oder nicht, Quote abliefern, irgendjemand wird es schon kaufen. Als ich ihr zurufe: „Ich kaufe sowieso nichts" meint sie nur „ist doch egal" und dann lasse ich mich eben doch kurz ablichten.
Florian, der Gutmütigere von uns beiden, der die Fotografinnen nicht auflaufen lassen möchte, lässt sich öfter fotografieren, wird die Fotos aber nicht einmal anschauen. Zu sehen – und zu kaufen – sind sie dann auf den Bildschirmen bei der Reiseberatung. Die Preise beginnen ab acht Euro, wenn ich mich richtig erinnere. Da kein Mangel an Kameras auf dem Schiff besteht, weiß ich nicht, warum man dafür noch Geld ausgeben sollte.

Beim Mittagessen erreicht der Wellengang sein Maximum. Erscheint es mir nur so oder ist tatsächlich der Andrang am

Buffet etwas reduziert? Endlich etwas Platz! Zeitweise müssen wir unsere Teller und Gläser festhalten, damit sie nicht vom Tisch rutschen. Am Tisch neben uns wird nicht schnell genug abgeräumt und mehrere Teller und Gläser fallen mit großem Getöse auf den Boden. Der herbeigeeilte Hotelmanager, ein kleiner kompakter Typ, der nichts anderes zu tun hat als die Gäste zu begrüßen und die Kellner ein wenig herum zu kommandieren, sieht sich sofort missbilligend nach jemandem um, der die Sauerei beseitigt. Selbst rührt er nichts an. Aber die philippinischen Kellner eilen herbei und räumen in Windeseile auf, die Gläser sind sowieso aus einer Art Plastik, Scherben gibt es also keine.

Wir unterhalten uns derweil auf Englisch mit zwei Holländern, die zwar etwas Deutsch verstehen, es aber nicht sprechen. Ich frage die Frau, ob sie schon eine Show gesehen haben. Sie antwortet: „Dieser deutsche Humor ist nichts für uns." Nun ja, Animositäten unserer holländischen Nachbarn bin ich gewohnt. Tatsächlich bedauern die beiden, dass von den älteren Herrschaften kaum jemand Englisch spricht. Sie hätten die Reise nicht gebucht, wenn ihnen klar gewesen wäre, wie viele Deutsche es an Bord gibt.

Nachmittags suche ich eine weitere Aktivität auf – ich bin ja heute kaum zu bremsen – und gehe zum Gästechor. Brav stelle ich mich mit den anderen Sängern um den Flügel, an dem unser Bordpianist Istvan schon sitzt und in seinen Noten blättert. Wir singen mehrmals ein Lied – La Paloma – ein schönes Seemannslied, das ich aus einem Film mit Heinz Rühmann kenne. Als es allerdings klar wird, dass es heute nur bei dem einen Lied bleiben wird, verabschiede ich mich wieder und verbringe den Rest des Nachmittags in meinem Bett. Genug Aktionismus für heute. Das war nämlich Ratschlag Nummer Drei der Crew bei starkem Seegang: Viel schlafen!

Tag 8 – Prins-Christian-Sund

Heute wird es aufregend, denn wir nähern uns Grönland, und für den Nachmittag ist die Durchquerung des Prins-Christian-Sunds geplant. Der Kapitän lässt uns wissen, dass wir voraussichtlich in den Sund hineinfahren können. In einer früheren Fahrt der Cara dieses Jahr fiel die Passage aus, weil sie wegen eines Eisbergs blockiert war, doch heute haben wir freie Fahrt. Wir können die Nähe des Eises fühlen, es ist merklich kühler geworden.

Ich gehe früh am Morgen immer wieder auf die Decks und schaue mich um, ob ich schon die grönländische Küste sehe. Und irgendwann taucht sie tatsächlich auf, dunkle Berge mit gesprenkeltem Weiß. Erst wie im Nebel ganz entfernt zu sehen, dann immer deutlicher.

Grönland ist tatsächlich ein ganz besonderes Land. Es ist die größte Insel und eines der größten Länder der Welt und beherbergt wegen seines unwirtlichen Klimas doch nur knapp 56.000 Einwohner. Die allermeisten, rund 88 %, stammen von den Ureinwohnern ab; sie sprechen einen Dialekt der Inuit-Sprache, Inuktitut. Politisch ist Grönland ein autonomer Bestandteil Dänemarks, doch wer weiß, wie lange noch, da es einige separatistische Bestrebungen gibt. Grönland wird von seinem durchschnittlich 2000 Meter dicken – an manchen Stellen sogar mehr als 3000 Meter – grönländischen Eisschild bedeckt und beherbergt somit das größte Süßwasserreservoir der Welt. Weniger als 20 % Grönlands sind eisfrei, ausschließlich an den Küsten, und hier vor allem an der Westküste, wo

die Inuit sich angesiedelt haben und wo wir in den nächsten Tagen auch vier Orte Grönlands besuchen werden.
Leider nimmt der Eisschild durch die Klimaerwärmung beträchtlich ab, in den letzten Jahren immer schneller. Die Grönländer selbst finden es nicht schlecht, da sie Öl unter dem Eis fördern möchten und nur darauf warten, an dieses heran zu kommen. Insgesamt ist aber die generelle Erderwärmung ein riesiges ökologisches Problem, dass sich zwar in Grönland deutlich zeigt, aber die gesamte Welt betrifft.

So unglaublich schön und gewaltig die Natur ist – das massive Eis, die zahlreichen Buchten und Fjorde, die bläulich schimmernden Eisberge – so schwer haben es die Bewohner Grönlands. Dänemark zwang Mitte des letzten Jahrhunderts viele der selbstständig lebenden Grönländer, ihre abgelegenen Siedlungen aufzugeben und sich in kleinen Städten oder Dörfern anzusiedeln. Sie wollten die Einwohnerschaft zentralisieren, um die Verwaltung zu vereinfachen. Wie unser Lektor anschaulich erzählte: „Da lebte dieser Fischer und Jäger mit seiner Familie, und ihm gehört quasi der gesamte Fjord. Das ist sein Gebiet, mit seiner ganzen Weite, hier geht er fischen. Und dann muss er in eine Art Plattenbausiedlung in eine Drei-Zimmer-Wohnung ziehen. Viele haben dann ihre Kanus an ihren Balkonen hängen.“ So gibt es in Grönland Hunderte verlassener Ortschaften. Diese Zwangsumsiedlung führte zu vielen sozialen Problemen in Grönland. Vielen Menschen wurden die Kinder weggenommen, um sie in europäischem Sinne umzuerziehen. Es gibt viel Alkoholismus und Straftaten unter Alkohol, sexuellen Missbrauch (auch in den Heimen, in die man die Kinder brachte) und eine hohe Suizidrate. Das

Gefälle zwischen Arm und Reich ist größer als in den USA und die Schulbildung relativ schlecht; viele brechen die Schule dann auch ab. Ein großer Teil der Probleme sind direkte Folge der dänischen Intervention, die den Menschen ihr Leben, wie sie es kannten, genommen hat. Das kann ich mir schon vorstellen, wie ein Fischer dann in seiner kleinen Wohnung sitzt und säuft, weil er es sonst nicht anders ertragen kann. Generell war es aber schon immer ein hartes Leben in Grönland. Man muss diese dunklen, kalten und stürmischen Winter auch ertragen können. Für die Vorfahren der Grönländer war es ein unvorstellbar hartes Leben.
Trotz der harten Statistik finden wir später bei unserem Aufenthalt die Menschen freundlich und offen und die Atmosphäre angenehm, auch wenn wir auch ein paar Betrunkene sehen. Die Kinder und Enkel der Traumatisierten scheinen sich aufzuraffen, ihr Leben wieder selbst in die Hand zu nehmen.

Am Nachmittag um halb zwei ist es soweit: wir biegen langsam in die Prins-Christian-Sund-Passage ein. Der Sund ist eine rund 100 km lange enge Meeresstraße im Süden Grönlands, die mehrere Inseln vom Festland trennt. Wir fahren im Schneckentempo durch diese urtümliche Landschaft. Bis zu 1000 Meter hohe dunkle Berge türmen sich an den Seiten auf, zahlreiche Wasserfälle stürzen die Hänge herunter und wir sehen mehrere Gletscher, die bis in den Sund reichen. Wir können direkt einen Blick auf das Inlandseis Grönlands erhaschen. Wir sind überwältigt!
Der Lektor schaltet sich immer wieder über Bordlautsprecher dazu und erklärt bestimmte geologische und sonstige Beson-

derheiten. Das Wasser ist völlig still und die Berge spiegeln sich im Sund, was eine magische Atmosphäre erzeugt. Zwischendurch sehen wir Delphine, die bald schon wieder davon ziehen. Florian bemerkt einen Seehund auf einer winzigen Eisscholle, der schnell ins Wasser verschwindet, als das Schiff näher kommt.

Wir fahren ganz langsam und gemächlich, die Stimmung ist geradezu andächtig und manchmal fast meditativ, auch wenn natürlich alle Fotos machen, als gäbe es kein Morgen. Überhaupt: was ich hier an teuren Kameras und riesigen Objektiven sehe! Mit dem Gegenwert könnte man vermutlich einen afrikanischen Kleinstaat ein Jahr lang versorgen. Florian hat nur eine Kleinbildkamera dabei, und ich schaue lieber, anstatt Fotos zu machen. Also schlendere ich gemütlich mal an die Steuerbord-, mal an die Backbordseite und hole mir zwischendurch eine heiße Schokolade, sitze da und genieße diese einzigartige Welt.

Zu Beginn ist der Himmel zwar bedeckt, leider zeigt die Sonne sich heute nicht, aber es herrscht eine völlig klare Sicht. Nach drei Stunden im Sund zieht es schlagartig zu, und nach einer halben weiteren Stunde fahren wir in tiefem Nebel. Es ist rein gar nichts mehr zu sehen. Doch wir haben genug gesehen, wir sind ganz angefüllt von diesem schönen Erlebnis.

Tag 9 – Im Nordmeer

Seit gestern Abend sind wir jetzt auf geradem Kurs nach Nuuk, der grönländischen Hauptstadt. Wieder ein Seetag. Da die Ausflüge und auch der Sund gestern so viel an Energie und Zeit beansprucht haben, sind wir froh, dass es auf dieser Reise doch insgesamt acht Seetage sind, in denen wir immer wieder entspannen können. Es gibt auch sonst genug Angebote. Vielleicht kann ich hier mal etwas genauer beschreiben, was uns die Bordzeitung für den heutigen Tag alles vorschlägt.

Um 10 Uhr morgens geht es los mit „Eskimostiefel basteln, Teil 3". Gleichzeitig findet der Ligretto-Treff (ein Kartenspiel), Shuffleboard auf dem Pooldeck (ein sehr beliebtes Kreuzfahrtspiel, das bei wirklich jedem Wetter gespielt wird; auch bei eisigem Regen habe ich eine ganze Gruppe auf Deck 10 gesehen) und Aida-Boccia statt. Außerdem präsentieren um 10.15 Uhr zwei Reiseberater im Theater Ausflüge für Reykjavik. Danach: Foto-Shooting: Bug Porträts im Fotoshop und einer der vielen Workshops: Flechtfrisuren.
Um 11 Uhr gibt es wieder ein Foto-Shooting: diesmal Ocean Portraits, dann Offiziersgolfen, Dart auf dem Pooldeck, ein Tanzkurs für langsamen Walzer für Einsteiger, Wizzard (keine Ahnung, was das ist) und ein Vortrag der Edutainerin Sabine Haupt: „Ätherische Öle – Wundermittel für Körper, Geist und Seele" im Theater. Außerdem gibt es um 11.30 Uhr eine Bar- und Küchenaktion auf dem Pooldeck, falls man es bis zum Mittagessen nicht aushält: Glögg und Heißes aus dem Kessel.

Ab 14 Uhr geht es weiter: Aquarellmalen in der Lambada Bar und – das einzige der bisherigen Angebote, wo wir dabei sind – ein wieder sehr kurzweiliger und interessanter Vortrag des Lektors Jörg Trobitzsch über Nuuk.
Um 15 Uhr gibt es Pool-Kuchen mit Pool-Aktion auf Deck 10, ein Workshop mit der Sabine: „Verhaltensweisen-Check", eine Selection Restaurant Küchenführung und eine Kunstauktion in der Aida-Bar.
Zu Beginn dachte ich etwas naiv: eine Ausstellung auf einem Schiff? Ist ja ein bisschen langweilig, wenn da immer nur dieselben Bilder sind. Aber Pustekuchen, ich habe nicht bedacht, wie rührig die Gastgeber auf so einer Kreuzfahrt sind: die Bilder werden ca. alle zwei bis drei Tage ausgewechselt, so dass man immer Neues sehen kann. Auf den regelmäßig statt findenden Auktionen kann man sie dann gleich ersteigern und mit nach Hause nehmen. Tatsächlich gefällt uns so einiges, was wir hier in der Galerie zu sehen bekommen.
Um 16 Uhr ist wieder Foto-Shooting und Dart, um 17 Uhr Shuffleboard und um 17.30 Uhr kann man mit Gastgeberin Julia Diskofox für Experten üben.
Weiter um 18 Uhr: ein Workshop: „Rücken aktiv" und außerdem: „Wir basteln einen Magneten". Das ist ja mal originell, sage ich zu Florian, der sich wie ich meist ignorant den vielen Angeboten gegenüber zeigt.
Um 19 Uhr fängt schon die Abendunterhaltung an: ob Cocktail Workshop über Deluxe Drinks, Würfeltreff oder Bingo spielen: wenn man Ablenkung und Unterhaltung sucht, findet man sie garantiert.
Um 21 Uhr dann die Show mit dem Ruhrpott-Kabarettisten Manes Meckenstock: „Als das Würstchen Huppsi machte" im

Theater, um 21.45 Uhr „Ballroom Dancing" mit der Liveband Jukebox und um 22 Uhr die beiden letzten Programmpunkte des Tages: „Back in Time" in der Anytime Bar und „Pianoman" mit Pianist Istvan in der Lambada Bar.

Wir entscheiden uns am Abend für Manes Meckenstock, der vor allem derbe Witze unter der Gürtellinie bringt und über alle möglichen Menschen und ihre Mentalitäten herzieht. Er eröffnete sein Programm, indem er die erste Reihe im Theater fragt: „Sind Sie scheintot oder verdauen Sie noch?" So ist sein ganzes Programm, streckenweise lustig, aber oft auf Kosten anderer. Wie er später bei einem Interview mit Lord Patrick sagt: er habe eine Meinung, und das findet er gut. Nachdem er sich ausgiebig auf der Bühne über die Mitreisenden ausgelassen hat, die nicht grüßen, wenn sie in den Fahrstuhl einsteigen, heißt er bei uns nur noch der Meckerstock.

Obwohl wir die Angebote meist links liegen lassen , habe ich trotzdem das Gefühl, dass wir sehr beschäftigt sind. Wir sind immer wieder auf einem der Decks und blicken zum Meer bzw. zur Küste hin. Heute Morgen saß ich eine gemütliche halbe Stunde im Whirlpool auf Deck 10 und wärmte mich dann vom Kälteschock des wieder Aussteigens in der Sauna auf. Florian schlief lange, setzte sich in eine Bar und las die Zeitschrift „Spiegel" die er in der Bibliothek gefunden hatte. Überhaupt die Bibliothek: dahin führt mein Weg mich oft noch vor dem Frühstück. Im Grunde ist diese nur eine größere Vitrine in einer Ecke der Lambada Bar, mit einigen Sesseln und kleinen Tischen ausgestattet, und in keinster Weise vom Lärmteppich der Bar getrennt. Doch als leidenschaftliche Leserin und Bücherjägerin durchforste ich grundsätzlich jedes Bücherregal. Und das Angebot hier ändert sich täglich. Natürlich gibt es einige Ladenhüter, die sich niemand ausleiht, auch einen rechten Überhang an Thrillern und – sagen wir mal – romantischer Frauenunterhaltung, wie es so schön heißt. Aber man findet auch richtige Perlen wie ein Buch mit Interviews mit großen Schriftstellern über den Tod, das Buch „Extrem laut und unglaublich nah" von dem genialen Autoren Jonathan Safran Foer, oder der Reisebericht „Hinter den Gräben" von Navid Kermani, dem Orientalisten und Tausendsassa, der einfach alles kann, vor allem komplizierte Dinge gut beschreiben und immer den richtigen Ton finden. In seinem Buch erzählt er von den vielen Begegnungen in den Ländern – und deren politischer und gesellschaftlicher Hintergrund – die er auf seiner Reise durch das östliche Europa bis zu seinem Heimatland Iran besucht hat.

In der Nähe der Bibliothek befinden sich auch die Kartentische, die mindestens sechs Leuten Platz bieten und mit grünem Stoff bezogen sind. Natürlich kann man sich auch an einen solchen Tisch setzen und lesen, doch das wird kaum möglich sein, denn außer am frühen Morgen sind die Tische alle immer besetzt. Oft sind es ältere Männer, die zudem gerne schon morgens ein Bier neben sich stehen haben, aber auch ein paar Frauen sind dabei. Diese Kartenspieler beweisen meist großes Sitzfleisch und ich habe schon einige gesehen, die sich über Stunden nicht gerührt haben. Viel geredet wird beim Karten spielen auch nicht. Diese rund 20 bis 30 Hartgesottenen bringen eine solide deutsche Stammtisch-Atmosphäre auf dsa Schiff

Tag 10 – Nuuk

Morgens um acht Uhr legt die Cara am New Atlantic Pier in Nuuk an und wir betreten erstmals grönländischen Boden. Nuuk mit seinen rund 17.600 Einwohnern ist eine moderne Stadt, der man den Willen der Grönländer ansieht, die Zukunft in die eigenen Hände zu nehmen. Wir laufen zum nächsten Bushäuschen und fahren erst einmal eine halbe Stunde durch die Außenbezirke der Stadt, vorbei an Schulgebäuden, Sporthallen und Supermärkten. Überall sehen wir die kleinen Häuschen, die in rot, grün und blau angemalt etwas Farbe in die Landschaft bringen und das typische Bild der grönländischen Siedlungen bestimmen. Die Busfahrerin berät uns so freundlich, wohin wir am besten fahren und wo wir wieder aussteigen könnten, wie ich es in Deutschland selten erlebe. Aufgeschlossen, offen und herzlich und zugleich unaufdringlich, so begegnen uns alle Grönländer in Nuuk und den weiteren Städten und Dörfern, die wir besuchen.

In der Innenstadt, am Nuuk Center, verlassen wir den Bus und sehen uns weiter zu Fuß um. Florian möchte einen grönländischen Stempel in seinem Pass und geht zur nächsten Polizeistation. Die Polizisten dort sind allerdings keine Grönländer, sondern Dänen. Das begegnet uns immer wieder, dass die höher gestellten Positionen eher mit Dänen besetzt sind. Dabei ist Grönland schon lange ein eigenständiger Teil des dänischen Königreichs, ein Staat im Staate, der sich abgesehen von der Außen- und Sicherheitspolitik selbst verwaltet. Grönland gehört auch nicht zur Europäischen Union, sie möchten ihre Fische für sich behalten.

Wir gehen in einen „Pisiffik“, wie die meisten Supermärkte sich hier nennen; das heißt „wo man etwas kauft.“ Es finden sich allerdings keine grönländischen Produkte in den Regalen, sondern fast nur dänische. Aber das ist klar. Grönland hat ausschließlich eine Fischfangindustrie und sehr wenig Landwirtschaft im Süden des Landes. Die Produkte müssen also alle eingeführt werden. Grönland kann da gut mit Island mithalten, in beiden Ländern muss man gesalzene Preise für die alltäglichsten Dinge des Lebens zahlen. Nachdem wir mehrere Supermärkte besucht haben, fällt uns noch eine Besonderheit auf: in der Nähe der Kasse warten viele Gewehre darauf, verkauft zu werden. Hier hat fast jeder noch sein eigenes Boot und ein Gewehr, um Robben zu schießen (als Grönländer darf man das) oder um gewappnet zu sein, falls man einem Eisbären unterwegs begegnet.
Es ist noch nicht so lange her, dass Grönland vom Tourismus entdeckt wurde, doch im Moment gibt es ein großes Interesse an der unberührten Natur, daran, Wale und Robben zu beobachten oder eine Schlittenhundetour zu machen. Alleine der Wunsch, mal Eisberge von Nahem zu sehen, bringt viele Menschen nach Grönland. Auch diese Kreuzfahrt von Aidacara ist voll ausgebucht, und die beiden davor mit derselben Route waren es auch. Ich hoffe sehr, dass Grönland gut mit dem wachsenden Tourismus umgeht und auch davon profitiert.

Am Nachmittag legt die MS Hamburg direkt neben uns am Pier an, als ich gerade schon wieder zurück auf dem Schiff bin und ich erinnere mich daran, dass meine Mutter mir vor mehreren Wochen erzählt hat, dass meine Schwägerin mit zwei

ihrer Jungs, meinen neun- und siebenjährigen Neffen, ebenfalls diesen Sommer eine Kreuzfahrt durch Grönland macht. Leider hatte ich davor völlig vergessen, anzurufen und zu fragen, was ihre Route ist. Also schnell wieder vom Schiff runter und die 200 Meter hinüber gelaufen, wo die Passagiere schon seit ein paar Minuten das Schiff verlassen. Ich warte eine halbe Stunde und bin nach ein paar Fragen an ein paar andere Passagiere ziemlich überzeugt, dass es das Schiff mit meinen Neffen ist, aber leider keine kleinen Jungs in Sicht!
Neben mir im kalten Wind steht Susanne, die schon Monate auf der Hamburg verbracht hat, ein großer Fan von dem Schiff ist und hofft, ein paar Crewmitglieder begrüßen zu können. Auch bei uns, der Aida, kennt sie gleich Hinz und Kunz. Von der Cara ist sie allerdings nicht so begeistert.
Sie sagt: „Auf der Hamburg macht man sich abends ein bisschen schick, nicht so wie bei Aida. Wie da manchmal die Leute rumlaufen, fürchterlich. Die gehen morgens mit Jogginghosen zum Frühstück, ich warte nur noch darauf, dass sie mit Bademantel aufkreuzen."
Da nicke ich nur und sage besser nichts dazu. Ich finde es schön, dass es leger zugeht und man sich abends eben nicht aufbrezeln muss. Im Gegensatz zu ihren Worten trägt sie eigentlich jederzeit sehr legere Kleidung; wahrscheinlich hat sie auf der Aida schon aufgegeben!
Als ich ein paar Wochen nach der Kreuzfahrt meine Neffen wieder sehe, sagen sie, sie wären tatsächlich mit der Hamburg gefahren, aber ganz schnell vom Schiff runter, weil sie mit einem Fischerboot zu den Walen gefahren wären. Schade, ich sehe die beiden nicht so häufig, plötzlich so weit weg von daheim vor ihnen zu stehen wäre sehr lustig gewesen.

Spät am Abend sind wir schon in unserer Kabine, als die Durchsage des Kapitäns kommt: „Auf der Steuerbordseite gibt es Nordlichter." Also ziehen wir uns wieder an, gehen aufs Deck und beobachten kleine Schleier am Himmel, es ist noch nicht einmal völlig dunkel. Wir finden, dass es sich nicht lohnt, weiter zu schauen und gehen wieder in unsere Kabine.
Um 23 Uhr, ungefähr eine Stunde später, ich bin gerade eingeschlafen, kommt eine weitere Durchsage, diesmal des ersten Offiziers: „Ich würde Sie nicht noch einmal stören, aber es gibt jetzt gerade sehr schöne Nordlichter."
Diesmal Volltreffer! Wir sind nur wenige auf Deck 10, die sich wieder aufgerafft haben und dem eisigen Wind trotzen. Aber was für eine Pracht am Himmel! Ich kann nicht aufhören mit meinem Jauchzen und Rufen, so wundervoll wie aus einer anderen Welt sehen die Polarlichter aus und so schnell verändern sie sich. Große tanzende Schleier, die sich manchmal über das ganze Firmament erstrecken, werden wieder zu kleinen Schleifen, Ringen, es ist eine andauernde Bewegung, und dies in leuchtendem Grün. Der beeindruckendste Tanz, den man sich vorstellen kann. Immer wieder gehen wir kurz hinein, um etwas Wärme zu tanken, und müssen doch wieder hinaus, weil wir noch mehr sehen wollen. Erst nach langer Zeit, als die Aurora Borealis schwächer wird, gehen wir fast widerwillig und durchgefroren in unsere Kabine und freuen uns noch lange an diesem schönen Erlebnis.

Tag 11 – Ilulissat

Nun nähern wir uns der Mitte wie auch dem Höhepunkt unserer Reise: Ilulissat. Anstatt wie geplant um 17 Uhr anzukommen, gleiten wir langsam schon gegen 13 Uhr in die Diskobucht hinein. Der Morgen war schon spannend, immer größere Eisberge säumten unseren Weg. Das Schiff findet seinen Platz im Hafen, in Blickweite zahlreicher schimmernder Eisberge in voller Sonne! Was für ein Panorama, wunderschön und einzigartig!

Doch heute Morgen gab es erst noch eine Enttäuschung: geplant war der Aufenthalt in Ilulissat bis zum morgigen Abend, nun sind die Zeiten geändert worden: wir verlassen heute Abend schon wieder die Discobucht. Ich gehe zur Informationsveranstaltung im Theater, wo der Kapitän, durch Karten unterstützt, erklärt, dass ein Kälteeinbruch angesagt sei, sich heute Nacht die Eisberge in die Bucht schieben würden und wir dann tagelang warten müssten, bis wir wieder frei kämen. Genauso sei es einem Schiff gerade erst vor drei Wochen ergangen, das erst nach drei Tagen wieder freie Fahrt hatte.
Ich bin nicht gerade begeistert, haben wir doch für den morgigen Tag eine Walbeobachtungstour bei einem der Anbieter in Ilulissat gebucht. Das fällt jetzt ins Wasser und die 320 Euro bekommen wir auch nicht erstattet. Der Kapitän sagt, von den drei Fahrten der Cara nach Grönland sei dies die erste, die überhaupt Ilulissat anfahren könne. An dieser Stelle gibt es viel Applaus vom Publikum. Bei den beiden anderen Fahrten seien die Wetterverhältnisse nicht geeignet gewesen.

Wenn mir das klar gewesen wäre, was das für ein Vabanquespiel mit dem Anlegen ist, hätte ich doch lieber eine Waltour bei Aida direkt gebucht (sofern ich einen Platz bekommen hätte) – da bekommt man wenigstens das Geld wieder, wenn die Tour nicht stattfindet. Tatsächlich haben mir immer wieder Mitreisende gesagt, dass sie die Touren überteuert fänden, aber in diesem Fall hätte es sich doch gelohnt. Aber immerhin sehen wir immer wieder kleine Wale und Delphine vom Schiff aus.

Übrigens hat sich die Hoteldirektorin auf der Bühne einen seltsamen Fauxpas geleistet. Nach der Rede des Kapitäns gab sie noch ihren Senf dazu: „Ich bin ja ein Mädchen, und da bin ich froh, dass das jemand so gut erklären kann." Sofortige Buhrufe aus den hinteren Reihen des Theaters und allgemeines Kopfschütteln schreckten sie allerdings nicht. Florian erzählt mir später, dass sie nur ein paar Tage danach bei einer Veranstaltung wieder so einen peinlichen Spruch a la Mädchen bringt. Nicht nur Florian und ich unterhalten uns darüber, an dem Abend höre ich, dass unsere Tischnachbarn das auch ziemlich daneben fanden.

Ich frage Florian: „Sie hat doch eine gewisse Karriere gemacht, oder? Warum denkst du dann, dass sie solche Sprüche bringt? Das denkt sie doch nicht wirklich selbst!"

Florian: „Vielleicht denkt sie, dass das ein älteres traditionelles Publikum anspricht?"

Ich: „Wahrscheinlich will sie sich nur anbiedern, aber so blöd, wie sie denkt, sind die Leute gar nicht!" Die Hoteldirektorin nennen wir jetzt nur noch „das Mädchen", so ist sie wahrscheinlich nicht nur bei uns abgespeichert.

Nachmittags tendern wir an Land und können dabei mehrere kleine und große Eisberge noch näher betrachten. Das Besondere an Ilulissat ist, dass ganz in der Nähe der gewaltige Gletscher Jakobshavn hier gewaltige Mengen Eis in den Ilulissat-Eisfjord abgibt. Dieser Gletscher schiebt sein Eis täglich 40 Meter nach vorne, das sich ablöst oder kalbt, wie man diesen Vorgang nennt. Einzelne Eisberge können mehrere Kilometer lang und einen Kilometer hoch sein, die meisten sind aber viel kleiner. Mit der Strömung werden sie dann langsam fortgetragen, brechen auseinander und schmelzen langsam ab, was bis zu zwei Jahren dauern kann. Die Titanic hatte einen Zusammenstoß mit einem Eisberg des Jakobshavn Gletschers.

Wir schauen uns die Stadt an und gehen zuerst einmal zum pittoresken Hafen, da wir die Idee haben, einen Fischer zu fragen, ob er uns nicht ein Stündchen mit dem Boot in die Bucht hinaus fährt. Wir finden tatsächlich einen, der bereit wäre, haben aber nicht genug Kronen dabei. Schade! Dann schauen wir uns eben das Städtchen an und trinken eine heiße Schokolade in einem Café.
Später wandern wir über einen Bohlenweg zu einer uralten. nicht mehr bewohnten Inuit-Siedlung. Im Grunde sieht man dort nicht viel, es gibt keine Gebäude, nur kleine Sträucher und Blumen. Aber der Blick vom Berg über den Eisfjord ist absolut atemberaubend. Die Wanderung ist auch gut ohne Reiseführer zu bewerkstelligen, eine Stunde hin und eine Stunde zurück, wenn man normal geht, nur das letzte Stück des Hinwegs ist ein steiler Berghang.

Am Abend, es ist gerade noch hell, fahren wir wieder los. Das Wasser der Bucht ist spiegelglatt und man kann erkennen, wie es beginnt, zu vereisen. Wir passieren Eisberge in verschiedenen Größen, von klein bis haushoch. Sie wirken wie mythische uralte Wesen, die meisten strahlend weiß, manche schmutzig grau von den Gletschermoränen, manche in hellem Türkis in der Abendsonne leuchtend.

Als wir bei der Ausfahrt an einem großen Eisberg vorbei fahren, hören wir ein donnerndes Krachen und Eis rieselt an einer Seite herunter. Die vielen bunten Häuser von Ilulissat werden immer kleiner, die Lichter ferner.

Trotz der Kälte findet eine Poolparty auf Deck 10 mit lauter Musik statt. Alle stehen mit einem Getränk in der Hand da und betrachten die Eisberge, die wir mehr und mehr hinter uns lassen. Wie schade, dass wir die wunderschöne Kulisse nicht in Stille genießen können, dass wäre dieser Schönheit angemessener gewesen.

Tag 12 – Sisimiut

Da wir nur ein paar Stunden in Ilulissat bleiben konnten, laufen wir heute zusätzlich ein ursprünglich nicht geplantes Städtchen an, das auf unserem Weg liegt: Sisimiut, mit 5500 Einwohnern die zweitgrößte Stadt Grönlands, wunderschön am Hang einer Bucht gelegen. Es ist ein traumhafter Morgen mit klarem Himmel. Die schwarzen runden Felsen im Wasser bilden einen schönen Kontrast zu der Kette großer schneebedeckter Berge, die die Küste entlang zieht. Hier zeigt sich Grönland wieder in seiner ganzen Pracht! Über den Bergen ein von der Morgensonne rosa Himmel, nur wenige Vögel kreisen um uns herum.
Zwei Schiffe liegen mit im Hafen, die Silver Cloud und ein russisches Schiff, Akademik Sergej Vavilov, ein bekanntes Expeditionsschiff, den Florian schon einmal in einer Doku gesehen hat.
Wir tendern wieder an Land. In Sisimiut gibt es ein sehr hübsches Museum, das in mehreren kleine Häuschen aus früheren Zeiten untergebracht ist, so dass man sehen kann, wie die Grönländer bis zum letzten Jahrhundert gelebt haben. Das Museum ist interessant gestaltet und bietet gute Einblicke in die Kultur, z.B. über die Schamanen der Inuit oder die verschiedenen Schlitten der Inuit.

Pünktlich um 17.30 zur Abfahrt sind wir wieder an Bord und gehen zum Markt Restaurant, das heute das Thema „Afrika“ hat. Als ich an einem der Männer, die sich ums Essen kümmern, vorbei laufe, schaut er mich an und mäht wie ein Schaf.

Was soll das denn? Ich muss lachen, komme näher und lese bei einem großen Stück Fleisch: Ziegenbraten. Für uns als Vegetarier ist das nichts! Florian sagt danach zu mir: „Wir sind doch selbst eine Herde für die, die hier arbeiten, oder? Wir laufen durch die Essensstationen wie Schafe. Ich würde gerne mal wissen, was sie wirklich von uns denken."

Es gibt anscheinend Schiffe wie die immer wieder zum besten Kreuzfahrtschiff der Welt gekürte „Europa 2", in der europäische Kellner die Gäste bedienen. Doch hier auf der Aida sind alle Menschen, die keine große Qualifikation brauchen, aus Drittweltländern. Die meisten kommen von den Philippinen und Indien, ein paar auch aus Mauritius oder anderen Staaten. Im Grunde sind alle, die in der Küche, den Restaurants und im Hotel arbeiten, günstige Arbeitskräfte für Aida. Die Chefs der Küche oder des Hotels (die Hotelmanagerin hatte ich schon erwähnt) sind aber Deutsche oder zumindest Europäer. Auch wenn das international auf Kreuzfahrtschiffen so üblich ist, fühle ich mich doch ein wenig unwohl dabei. Es hat durchaus einen kolonialen Touch, wenn nur Asiaten uns Europäer bedienen (es gibt nur drei vier Asiaten als Gäste auf dieser Reise), und für mich hat es auch ein „Gschmäckle" von Ausbeutung.

Dabei ist mir klar, dass die Angestellten das selbst wahrscheinlich ganz anders sehen und häufig sehr froh um ihren Job sind, bei dem sie zwar die Reederei weniger kosten als deutsche Arbeitskräfte, aber doch viel mehr verdienen, als sie in ihrem Heimatland mit relativ unqualifizierter Tätigkeit erwirtschaften könnten. Ich habe gelesen, dass viele sich mit dem harten Job für mehrere Jahre arrangieren und ihr Geld sparen, um dann mit einem gewissen Wohlstand heimzukehren. So kann

man sich nach mehreren Jahren auf dem Schiff durchaus ein Häuschen auf den Philippinen leisten.
Viel arbeiten müssen allerdings alle, auch die Deutschen. Ich treffe eine Frau, die gerade ihre Tochter besucht, die auf dem Schiff Offizierin ist. Sie sagt, die Arbeitszeiten seien verrückt, oft zwölf oder mehr Stunden am Tag, ohne einen Tag Pause. Die Tochter habe in zweieinhalb Wochen gerade einmal Zeit gehabt, mit ihr zu Abend zu essen.

Wie man in dem empfehlenswerten Buch „Gebrauchsanweisung für Kreuzfahrten" von Thomas Blubacher nachlesen kann, trat im August 2013 eine internationale „Maritime Labour Convention" in Kraft. Der zufolge darf bis zu vierzehn Stunden täglich und 74 Stunden wöchentlich gearbeitet werden. Verstöße dagegen sind aber wohl keine Seltenheit. Für die Tarifverträge zuständig sind die Gewerkschaften, für Aida ist das das italienische Fit-Cisl.
Auch der Mindestlohn für Seeleute ist festgelegt und beträgt gemäß dem Seearbeitsabkommen 585 Dollar monatlich. Mit verschiedenen Zulagen wie Urlaubsausgleich oder Überstundenzuschlag beträgt der Mindestlohn immerhin 1027,51 Dollar. Das gilt aber nur für die Beschäftigten im nautischen Bereich. Die Menschen, die in der Hotellerie arbeiten, unsere Betten machen und das Schiff sauber halten, arbeiten häufig für weit weniger. Und diese bekommen auch die längsten Arbeitsverträge, ungefähr zehn Monate am Stück. Das bedeutet, dass man in dieser Zeit nicht einen Tag frei hat!
Wie die Arbeitsbedingungen sonst so sind, kann man ganz einfach selbst nachschauen, wie zum Beispiel auf der Seite kununu.com oder wenn man bei Google Arbeitgeber und Aida ein-

gibt. Dort gibt es allerdings nur Deutschsprachige, die ihre Erfahrungen mit Aida anonym beschreiben. Welche Worte unsere Putzfee, eine Philippinin, die unsere Kabine picobello sauber hält, für ihren Job finden würde, keine Ahnung.
Von enthusiastisch bis vernichtend ist bei den Bewertungen alles dabei. Ein immer wieder erwähntes Problem scheint zu sein, dass Aida so schnell wächst und in den letzten Jahren viele neue Schiffe auf den Markt gebracht hat. Einige Mitarbeiter berichten über ausufernde Arbeitszeiten und inkompetentes Führungspersonal, aber es wird auch vom Teamgeist geschwärmt und natürlich von der Möglichkeit, fremde Länder zu sehen.
Florian und ich finden die Serviceleute in den Restaurants jedenfalls unglaublich. Sie sind aufmerksam, kompetent, freundlich, wirbeln um uns herum und tun alles, damit wir uns wohl fühlen. Immer wieder sehe ich auch, wie sie miteinander lachen und ihre Späße machen, es scheint tatsächlich ein gutes Team zu sein, das auch gerne miteinander arbeitet.
Ich würde ja sehr gerne einmal die Räume der Crew sehen, die Messe für die Crewmitglieder und die Offiziere, die Bars, die es auch auf Deck 2 und 3 geben soll. Es sind immerhin fast 400 Crewmitglieder an Bord. Doch der Zutritt ist für Passagiere natürlich streng verboten. Es ist eine richtige Parallelwelt mit eigenen Aufzügen, Treppenhäusern, Gängen, Kabinen und Gesellschaftsräumen. Aber leider unerreichbar für mich.

Schon am Morgen beim Frühstück habe ich Florian, der seltsamerweise einen Hang zu Dorffesten mit Blasmusik hat – das erinnere ihn an seine Kindheit (auch wenn er damals schon Vegetarier war und nie etwas zum Essen gefunden hat) – das

Abendprogramm für heute vorgelesen: „Feiern, bis die Alpen glühn. Unsere Hüttenwirte geben ab 21.45 Uhr in der Aida-Bar auf Deck 8 den Startschuss zu einer Mordsgaudi." Es soll Schmalz- und Schinkenbrote und Weißbier und geben. Auch ein Nagelsepp am Hackstock und eine Runde Maßkrugstemmen ist im Programm und natürlich die passende Rumtata-Musik.

Das finde ich völlig schräg, mitten in Grönland so eine Alpenparty zu veranstalten, aber wie mir altgediente Schiffsfahrer sagen: „Sie sind wohl zum ersten Mal auf der Aida? Das Alpenglühn gibt es bei jeder Fahrt." Aha, also nichts Besonderes! Florian sagt jedenfalls, dass er das auf keinen Fall verpassen möchte.

Als wir dann pünktlich zu Beginn hingehen, erinnert mich das ganze Ambiente mit seinem bemühten „wir haben Spaß" an schwäbische Fasnetsfeiern, die ich ansonsten wie die Pest meide. Es sind Bierbänke mit passendem Dekor aufgestellt worden, alle Serviceleute haben sich in Lederhosen und Dirndl geschmissen (ich frage mich wirklich, was die Menschen, die uns ständig umsorgen und bedienen, von uns dekadentem Pack wohl halten mögen und wie sich ein Philippino denn wirklich fühlt, wenn er in Lederhosen rumlaufen muss) und laufen mit Tabletts mit kleinen Schweinereien herum. Es ist völlig unmöglich, einen Platz zu finden, alles ist schon brechend voll. Ein paar Sängerinnen treten auf, dann spielt die Band. Es wird geschunkelt und gelacht, ein großer Spaß. Irgendwie belustigt mich das Ganze und zugleich deprimiert es mich. Es ist einfach so künstlich, aber das scheint hier niemanden zu stören. Florian freut sich daran, dass die Menschen Spaß haben. „Die meisten besaufen sich einfach", wende ich ein. Aber es stimmt, alle freuen sich am geselligen Miteinander. Nun ja, die deutsche Volkskultur geht für meinen Geschmack zu viel damit einher, dass man Schweinernes isst und dabei vergisst, was für feine intelligente Tiere das sind, und sich dabei zulaufen lässt. Das Oktoberfest zu besuchen wäre ein Alptraum für mich. Nicht meins, wirklich nicht. Prosit!

Tag 13 – Fragen und Antworten

Wieder ein Seetag, zum Glück, wir müssen mal wieder die vielen Eindrücke verkraften. Wir haben auch eine völlig ruhige See, ein Novum auf dieser Reise. Sehr angenehm, obwohl man es nicht lange auf den Decks aushält bei 5 bis 6 Grad Außentemperatur.
Florian geht zum Friseur und ich mache ein bisschen Sport an den Geräten und bekomme am nächsten Tag so Muskelkater an den Armen, dass ich sie kaum bewegen kann. Danach Whirlpool und Sauna. Ja, es hat was, nach dem Schwitzen nackt auf dem FKK-Deck zu stehen und in der Ferne die Küste Grönlands zu sehen. Die Sauna ist wirklich ein schönes Plätzchen auf dem Schiff.

Unser Lektor Jörg Trobitzsch erzählt uns später bei seinem Vortrag über Eisbären im Theater Geschichten aus seinem wilden Leben. Er ist mit sechzehn Jahren von daheim ausgerissen und in den Norden gegangen, durch Grönland gereist, hat in Norwegen bei den Samen gelebt und auf einem Fischkutter angeheuert und als er Geld brauchte, in einer Fischfabrik gearbeitet. Er hat den ganzen Norden intensiv bereist und da gelebt, wo man als normaler Tourist nur schwer hinkommt. Nun ist er schätzungsweise Mitte 70 und hat die letzten 40 Jahre von den Vorträgen und Diashows seiner Reisen gelebt. Heute erzählt er uns, wie er sich mit einem Kumpel samt dessen Hunden in einer Art Eisbären-Forschungsstation einquartierte, dann begann, Eisbären anzulocken und was er mit ihnen erlebt hat. Florian begegnet ihm auf den Landgängen immer wieder, da die beiden oft die letzten sind, die wieder zurück aufs Schiff kommen. Ich gehe meist etwas früher als Florian, aber ihn treibt seine Wissensgier an, alle Ecken zu erkunden.

Heute sitzen wir beim Kuchen essen bei zwei älteren Damen, die von ihren verschiedenen Kreuzfahrten erzählen und ins Schwärmen kommen.
Die eine erzählt, wie angenehm eine Reise mit NCL, Norwegian Cruise Line, ist, denn sie hat das Gefühl gehabt, das Schiff völlig für sich zu haben. Die Mehrzahl der Gäste waren Chinesen und Amerikaner, die man quasi nicht sah, da sie den ganzen Tag im Casino saßen. Auch wenn das Schiff einen Stopp hatte, gingen die Chinesen und Amis nur zum nächsten Duty Free Shop, um zu shoppen, und dann gleich wieder ins Casino. Viele ältere Damen saßen schon morgens früh am einarmigen Banditen. Das klingt völlig deprimierend.
Die andere erzählt von den Konzerten von Aretha Franklin und Diana Ross, die sie vor vielen Jahren auf einem amerikanischen Schiff erlebt hat. „Ja die Amerikaner wissen, wie man eine Show macht."
Sie reden über die übergroßen Teller auf den US-Schiffen, und dass die Leute sich noch viel mehr Essen als bei uns auf ihre Teller laden und dann nur darauf herum picken.
„Andere Menschen verhungern, und die nehmen sich viel zu viel", empört sie sich die eine. „Ich könnte solchen Leuten den Hals umdrehen", redet sie sich in Rage und schüttelt sich dabei, „den Hals umdrehen!"
Bevor sie noch deutlicher werden kann, gehe ich lieber. So viel Wut wegen einer mehr oder weniger Lappalie. Auf jedem Schiff werden ungeheure Mengen an Essen weggeworfen. Das,

was im Restaurant übrig bleibt, darf nicht mehr gegessen werden, auch nicht von der Crew; so sind die Bestimmungen. Trotzdem ist es eine enorme Verschwendung, mit der ich mich auch nicht wohl fühle.

Am Abend um 22 Uhr, reichlich spät, wie ich finde, gibt es „Fragen und Antworten an die Offiziere". Lord Patrick, die Hotelmanagerin und drei Offiziere geben Rede und Antwort auf die Fragen der Gäste.
Zum Beispiel erfahren wir, dass grundsätzlich nichts im Meer entsorgt wird, auch wenn man es in einigen Regionen dürfte und dass das Trinkwasser hier an Bord Meerwasser ist, das durch Osmosefilter gelaufen ist.
Was geschieht mit dem Essen bei Aida? Das, was übrig bleibt wird zentrifugiert und gepulvert, d.h. dem Essen wird das Wasser entzogen, dann wird es verbrannt. Übrig bleibt nur ein schwarzes Granulat. Pro Gast sind es im Schnitt 150 g pro Tag. Was allerdings in der Küche übrig ist, wird nochmal verwendet.
Wie lange hält der Essensvorrat auf dem Schiff? Ungefähr sechzehn Tage, aber an verschiedenen Häfen wird Essen nachgeladen. Einiges davon wird tiefgefroren. Nun, da könnte ich wetten, dass einiges davon tiefgefroren ist.

Nachdem wir in der ersten Woche noch alles vom Buffet probiert haben und uns grundsätzlich unsere Teller zu voll geladen haben, hat unsere Begeisterung für das Essen hier doch sehr nachgelassen. Es gibt zu viel Fleisch und Fisch und zu wenige gute Gemüsegerichte für uns Vegetarier. Vielleicht liegt es daran, dass der Proviantmeister ein ehemaliger Metzger ist?

Wir finden immer etwas, was uns halbwegs schmeckt, aber eine wirklich gute Küche ist etwas anderes. Zudem wiederholen sich viele Gerichte. Florian hat in der ersten Woche sehr gerne die Salate gegessen, konnte sie dann aber nicht mehr sehen, weil sie immer gleich angemacht sind. Das Frühstück finde ich ganz gut, außer dem Brot, das schmeckt leider nicht besonders. Die verschiedenen Nachtische schmecken im Grunde immer gleich und die Kuchenauswahl geht nicht über Biskuitteig mit irgendeiner angerührten Fertigcreme hinaus. Das Eis ist zudem richtiges Billigeis. Ich halte mich beim Nachtisch eher an Früchte und Käse.
Ich habe den Eindruck, als bekämen wir hier gehobene Mensakost vorgesetzt. Ein weiteres Ärgernis ist, dass ich mir eines meiner liebsten Getränke, Latte Macchiato, immer an den Bars kaufen muss. In allen Hotels, in denen ich in letzter Zeit war, gehören verschiedene Kaffeespezialitäten selbstverständlich zum Frühstück dazu. Da ist Aida nicht ganz auf der Höhe der Zeit. Das Gute allerdings ist, dass wir die prognostizierten drei kg wohl nicht zunehmen werden. Wir lassen jetzt öfters mal eine Mahlzeit aus.

Tag 14 – Qaqortoq

Wir biegen schon morgens um sechs Uhr in den Fjord ein, der uns zu unserem letzten Stopp in Grönland bringt. Die Sonne lässt sich noch nicht blicken, der Himmel ist bewölkt. Ich trinke meinen Morgenkaffee auf Deck 10, wie immer, da habe ich auch eine schöne Sicht auf die vorbeiziehende Landschaft. Für mich einer der schönsten und meditativsten Momente des Tages.

Um 7.30 Uhr erreichen wir Qaqortoq, die „Weiße" genannt, der Eisberge wegen, die sich häufig in der Bucht befinden. Doch im Moment sind nur zwei von ihnen zu sehen. Qaqortoq liegt mit seinen kleinen bunten Häusern, die sich an den Hang schmiegen, wunderschön an einer Bucht gelegen (wahrscheinlich sind alle Siedlungen an einer Bucht gelegen; ich merke, ich wiederhole mich).

Das Schiff liegt auf Rede und wir tendern wie gewohnt an Land, da haben wir ja schon Routine. Einige Zeit suchen wir das im Plan des Ortes verzeichnete Tele-Museum über die Geschichte der Telekommunikation Grönlands, aber alle, die wir fragen, zucken nur mit den Achseln.

Wir gehen zum kleinen Marktplatz mit Springbrunnen, um den kleine Kinder lachen und tollen und ihre Finger in das Wasser halten. Ihre Jacken haben sie einfach auf den Boden geworfen. Für sie ist das vermutlich einer der wärmstem Tage des Jahres.

Hier sind schon die Vorbereitungen im Gange für ein kleines Food Festival, das später am Tag stattfinden soll. Mehrere kleine Stände werden aufgestellt, ein paar Jugendliche hocken zusammen, quatschen und öffnen Muscheln, die in einen großen Eimer fallen, den sie zwischen sich gestellt haben. Als Dekoration für die Stände werden riesige Stauden, die wie überdimensionaler Broccoli aussehen, an die Seiten gestellt. Als wir an dem Bach, der durch das Dorf fließt, ins Landesinnere spazieren, sehen wir mehrere dieser seltsamen Broccolipflanzen.

Nahe am Marktplatz ist der Fischmarkt. Als wir vorbei kommen, wird eine gehäutete Robbe in einem Sack abgewogen und dem neuen Besitzer übergeben. Während ich weiter herum schlendere, besucht Florian das Heimatmuseum, das recht klein ist, aber doch ein paar Infos über den Ort bietet.

Um 13.30 Uhr fährt schon das letzte Tenderboot an Land zurück, und wir stehen mal wieder am Heck des Schiffes und nehmen Abschied, nicht nur von Qaqortoq, sondern diesmal auch von Grönland. Dies war unser letzter Stopp auf dieser beeindruckenden Insel, und nun fahren wir mit Volldampf wieder zurück nach Island. Das wird allerdings etwas mehr als volle zwei Tage dauern, bis wir ankommen.

Die Zeit nachmittags nutze ich, um meine Nana zu bemalen und Florian versinkt für ein paar Stunden in seine Doktorarbeit.

„Ich habe das Gefühl, dass so eine Schiffsfahrt einen regelrecht verblödet“, sagt er mir, als er wieder auftaucht. „Alles wird einem abgenommen und dieser Small-Talk die ganze Zeit. Ich habe es ja ein paar Mal versucht, aber es ist schlicht unmöglich, auf dem Schiff ein substanzielles Gespräch zu führen.“

Den Eindruck habe ich auch, ein paar unserer Gesprächsversuche sind schnell versandet. Allerdings glaube ich nicht, dass es grundsätzlich nicht möglich ist, sondern dass es Zeit braucht, bis man „seine“ Leute gefunden hat, mit denen man mehr als nur über die gewählten Ausflüge, das Wetter und das Essen reden kann. Ein kleineres Schiff ist da sicher kommunikationsfördernder, denn wir haben ja immer wieder sehr nette Menschen getroffen. Aber häufig sieht man sie erst eine Woche später oder niemals wieder, weil wir einfach zu viele sind. Mein siebenjähriger Neffe hat mir da von der „Hamburg“, die nur 400 Passagiere aufnimmt, anderes erzählt. Er sagte, dass ihn sofort alle kannten und immer gegrüßt hätten. Aber kein Wunder, wenn es nur eine Handvoll Kinder auf dem Schiff gibt.

Am Abend ist die Haifischbar angekündigt, wie das Alpenglühn ebenfalls eine Aida-Institution. Die Bordzeitung sagt: „Heute Abend öffnen sich die Tore der legendären Haifischbar. Freuen Sie sich auf einen maritimen Abend in Hamburger Flair und dem unvergleichlichen Aidacara-Offiziers-Shanty-Chor.“ Ein Shanty ist eine Form des Seemannslieds.
Na, dann bin ich mal gespannt, zusammen singen finde ich ja immer gut.
Am Abend ist die Aida-Bar kaum wieder zu erkennen, alles ist auf Seemannsbar getrimmt worden, und die Kellner tragen heute Matrosenlook. Zwei Crewmitglieder spielen Sicherheitsleute, die finster schauen und aufpassen, dass alles mit rechten Dingen zugeht und die später Fischbrötchen verteilen. Ein paar Aida-Stars sind ebenfalls verkleidet und mischen sich unter das Volk. Einige Lieder werden zum Aufwärmen gesungen, dann kommt das Highlight: alle Offiziere und Offizierinnen kommen im Gänsemarsch ins Lokal marschiert und

stellen sich auf der Bühne auf. Und gleich geht es los mit den Seemannsliedern: Nimm mich mit, Kapitän, auf die Reise; an der Nordseeküste am plattdeutschen Strand, bei dem alle laut mitsingen und schunkeln; La Paloma und viele andere mehr. Die Bude ist voll und alle lachen und haben Spaß. Als der Chor Pause macht, singen die Aida-Stars Nummern aus dem Musical Cabaret: „Bye bye, mein lieber Herr" und andere tolle Stücke. Wie ein künstliches Sankt Pauli, denke ich mir, obwohl ich noch nie in Sankt Pauli war. Ich habe nur irgendwelche Bilder aus Filmen im Kopf.
Unser Lieblingskellner Emanuel, mit dem wir öfters mal plaudern, verteilt von großen Tabletts Schnaps für alle Gäste. Auch an anderen Abenden ist er für den Schnaps zuständig: zusammen mit seiner Kollegin, Philippinin wie Emanuel auch, fährt er das „Schnapsi-Taxi", einen schönen alten Servierwagen, der mit verschiedensten Schnäpsen ausgestattet ist, immer beim Abendessen durch die Restaurants. Oft sind die beiden als Engel und Teufel oder Diven verkleidet und rufen: „Huhu, Vitamine." Es gibt aber nur wenige, die einen bestellen, denn das muss man zusätzlich zahlen.
Das Fest macht Spaß, es ist laut und fröhlich. Aber wir sind ja nicht die großen Partymacher und um halb eins schon wieder im Bett. Nicht wie manche andere wie Susanne, die erst nach vier ins Bett kam, wie sie uns am nächsten Tag erzählt.

Tag 15 – Zurück nach Island

Ein völlig ruhiger Seetag beginnt. Wir fahren im wilden Nordmeer, das jetzt ganz zahm ist und nicht einmal kleine Wellen zeigt. Es ist bewölkt, nur manchmal bricht die Sonne durch. Da wir wieder gen Osten fahren, ist die Zeit nun eine Stunde vorgestellt worden, was bedeutet, dass ich zu meiner sonstigen Frühaufstehzeit immer noch in festem Schlaf liege.
Ich lese heute viel, schlendere herum und gehe zu der Ausflugspräsentation über Shetland. Ich will keinen Ausflug buchen, sondern nur Ideen sammeln, da wir für unseren Aufenthalt dort einen Mietwagen gebucht haben. Hier und da plaudern wir mit anderen, die wir schon mal getroffen haben, allmählich kennen wir sogar ein paar Leute hier. Florian freut sich, heute wieder Zeit für seine Doktorarbeit zu haben. Doch später begleitet er mich zum Vortrag von unserem Lektor über Reykjavik. Eine tolle Stadt, ich freue mich schon darauf, sie zu erkunden.
Danach reihen wir uns ausnahmsweise bei den Gesellschaftspielern ein und spielen zwei Runden Scrabble. Später hören wir noch unserer Schauspielerin zu, wie sie aus dem Seefahrer ABC vorliest.

Um 21 Uhr gibt es eine Show „Cotton Club". Die Aida Stars singen leidenschaftlich und tanzen und agieren in wunderbaren 20er-Jahre-Kostümen. Ganz schön sexy, die Damen, ich kann kaum die Augen von all dem Glanz und Glitzer abwenden. Da stört es mich nicht besonders, dass die Story wirr und völlig konstruiert ist. Außerdem werden nicht die Originallie-

der des Cotton Clubs gesungen, auf die ich mich gefreut hatte, sondern irgendwelche, die in die Story reinpassten, wie z.B. „Englishman in New York“ von Sting.
Danach gibt es keine Pause, denn wir gehen sofort zum nächsten Programmpunkt: Lord Patrick lädt ein, und zwar den Meckenstock, den Kabarettisten. Das interessiert uns weniger, aber wir haben schon Tante Woo in großer Robe an der Bar gesehen und warten auf ihren Auftritt mit dem Roman Who? „Ein schöner Kitsch“, sagt Florian, als sie mit großen Gesten ihre Lieder singen, er ist genau wie ich begeistert. Tante Woo nimmt danach auf dem Sofa Platz und erzählt von seinem Burn-Out und den Schwierigkeiten, arbeitslos daheim zu sitzen. Die Travestie war wohl eine Art Rettung für ihn, der im wahren Leben Andreas heißt. Die Bar auf Deck 9 ist brechend voll, alle möchten ihn sehen und hören, was er zu sagen hat. Lord Patrick, unserer Entertainmentmanager, dem Florian eine etwas melancholische Note attestiert, führt wie immer so locker wie freundlich durch das Gespräch.

Tag 16 – Der Kapitän

Ich schlafe bis um 8 Uhr, was für mich heißt, dass ich so verschlafe wie schon lange nicht mehr, und dank der Zeitverschiebung ist es sogar schon 9 Uhr!
Also schnell nach dem Frühstück zur nautischen Fragestunde mit dem Kapitän und den Offizieren im Theater. Anhand von Dias zeigen die ersten beiden Offiziere, wie es auf der Brücke aussieht und was alles Teil ihrer täglichen Arbeit ist.
Sie erklären uns, dass die Verantwortungskette auf dem Schiff streng hierarchisch ist. Der Kapitän hat die Entscheidungsbefugnis, unter dem Kapitän ist der Staff Kapitän, darunter die Sicherheitsoffiziere und die nautischen Offiziere. Zudem zeigen sie uns auch ein heute hereingekommenes Bild der Eislotsen von Ilulissat, das zeigt, wie der Hafen voller Eis gelaufen ist. Es war wohl die richtige Entscheidung, schnell abzufahren.
Sie erzählen allerhand Wissenswertes. Wenn alle Maschinen laufen und man Volldampf fährt, beträgt der Schwerölverbrauch bis zu 100 Tonnen am Tag. Das sind unglaubliche Mengen, und angesichts dessen kann man sich wirklich fragen, ob es eine gute Sache ist, wenn in den letzten fünf Jahren die Kreuzfahrten um 800 Prozent zugenommen haben, wir mir ein Crew-Mitglied sagte. Ökologisch sind Kreuzfahrten eine Katastrophe. Das wissen wohl auch alle Passagiere heute, denn niemand fragt näher nach Maßnahmen nach, die Aida für eine bessere CO2-Bilanz trifft. Am besten nicht darüber nachdenken, so scheint es. Das neue Schiff Aidanova soll mit Flüssiggas fahren, was etwas weniger schädlich für die Umwelt ist. Wir haben im Vorfeld an das Projekt atmosfair einen Ausgleich gezahlt; damit werden Wälder aufgeforstet und

Ähnliches. Trotzdem: wenn man an die größte derzeitige Herausforderung auf unserem Planeten denkt, den Klimawandel, ist eine Kreuzfahrt unverantwortlich. Ich und Florian fühlen uns nicht sehr wohl dabei und haben beschlossen, auf keinem Schiff, das mit Schweröl fährt, mehr zu reisen.

Dann betritt Kapitän Hanjo Müller die Bühne und beantwortet einige spezielle technische Fragen, aber auch andere wie viel ein Liegeplatz am Tag koste? Die billigen Liegeplätze beginnen hier bei ca. 5000 Euro bis zu 60.000 Euro für sehr begehrte Plätze.

Ich melde mich und frage: „Wie ist das Vorgehen, wenn jemand von Bord springt?“ Der Kapitän schaut einen Moment lang bedrückt und sagt zuerst trocken: „Wie kommen Sie denn jetzt auf diese Frage?“ Nun, ich bin mir sicher, dass sich alle im Theater für genau diese Frage interessieren. Gestern Nachmittag war die Meldung erschienen, dass Daniel Küblböck, der mit „Deutschland sucht den Superstar“ bekannt wurde, von einem Aida-Schiff bei Neufundland gesprungen sei und nicht mehr gefunden wurde. Bei der Kälte des Nordmeers wird er wohl nicht mehr leben.

Der Kapitän sagt: „Es ist ein Alptraum. Zuallererst wird sofort notiert, wo die genaue Stelle ist, sofern man das überhaupt weiß. Dann bremsen wir, was bei einem großen Schiff einige Zeit dauert, und abgeschätzt, was schneller ist, sofort die Boote runter zu lassen, sofern der Seegang es zulässt, oder das Schiff zu wenden. Und dann suchen wir! Allerdings... einen Kopf über Wasser sieht man nicht sehr gut.“ Ich frage nochmals, wie oft das denn geschähe, alle lachen, und der Kapitän sagt nur: „Nicht oft, mir ist das zum Glück noch nie passiert.“

Ich hatte mal in einem Artikel gelesen, dass ca. 300 Leute im Jahr auf Kreuzfahrtschiffen einfach verschwinden. Wahrscheinlich die meisten Selbstmorde, aber ein paar Unfälle und Morde werden auch dabei sein, denke ich.
Nach ein paar weiteren Hinweisen wie dass man keine Kleiderbügel an die Sprinkleranlage aufhängen soll, entlässt uns der sympathische Kapitän. Er meldet sich jeden Morgen ungefähr um 10 Uhr von der Brücke und gibt uns seine Kapitänsdurchsage durch., welches Wetter und welcher Seegang angesagt ist, wie viele Meilen wir heute vor uns haben, was die Windrichtung ist und so weiter. Ich habe ihn kein einziges Mal in den Passagierräumen gesehen, im Gegensatz zu den Offizieren, die manchmal auf Deck einen Kaffee trinken oder in den Restaurants essen und hin und wieder natürlich abkommandiert werden, um uns mit Gesang oder Cocktails zu bespaßen.

Auf dem Weg zu unserer Kabine treffen wir danach eine ältere Dame. Sie legt betroffen eine Hand auf ihr Herz und sagt: „Das hat mich so mitgenommen, das Ganze“ und schüttelt leicht den Kopf.
„Aber es bringen sich viele Menschen überall in der Welt um, das geschieht ständig“, sage ich leicht irritiert, da sie Daniel Küblböck wohl nicht persönlich kannte. Sie schaut mich an und sagt: „Aber doch nicht auf einem Schiff, die sollen sich woanders umbringen.“
„Ach so“, sage ich spontan, „damit Sie nicht damit konfrontiert sind?“ So eine große Anteilnahme und dann geht es ihr doch nur um sich?
Da guckt sie beleidigt und sagt nur noch: „Dann noch einen schönen Tag.“

Um 19 Uhr kommen wir bei viel Sonne und vielen Wolken im schönen Reykjavik an. Wir fahren mit dem Shuttlebus direkt zum berühmten Harpa, einem Konferenz- und Konzertcenter, schön am Meer gelegen, mit einer Fassade aus Waben, die nachts illuminiert werden und in den verschiedensten Farben leuchten. Sehr beeindruckend.
Die Innenstadt Reykjaviks wirkt so gemütlich wie modern. Die Straßen sind voller interessanter Bars, Restaurants, Läden und natürlich auch einigen Souvenirshops, dank dem boomenden Tourismus. Es ist Abend und vieles ist schon geschlossen, aber was ich sehe, gefällt mir ausgesprochen gut, sehr modern, stylish und international, aber dabei trotzdem mit einer heimeligen Atmosphäre. Spät am Abend sind wir wieder zurück. Schade, dass wir nicht noch mehr Zeit in dieser tollen Stadt verbringen können, da wir für Morgen einen ganztägigen Ausflug in das Umland der Stadt gebucht haben. Aber wir denken tatsächlich jetzt schon daran, in ein paar Jahren wieder nach Island zu gehen und diesmal mit Mietwagen die Insel zu bereisen.

Tag 17 – Reykjavik

Schon früh wartet die junge Reiseführerin auf uns. The golden circle, das ist wohl die Tagestour, die hier am häufigsten gebucht wird, da sie viele der berühmtesten Naturphänomene um Reykjavik herum in nur einem Tag abfährt. Es sind auch wieder einige vom Schiff dabei.

In den nächsten Stunden fahren wir durch eine beeindruckende Landschaft und besuchen den wunderschönen Gullfoss Wasserfall, stinkende Schwefelquellen und den berühmten Geysir bei Strokkur, der alle sieben oder acht Minuten in die Höhe schießt. Besonders interessant finden wir den Þingvellir Nationalpark, den ältesten Nationalpark Islands.

Hier versammelten sich die verstreuten Siedler Islands erstmals im Jahre 930 und beschlossen, sich ab jetzt regelmäßig zu treffen, um gemeinsame Regeln für das Zusammenleben zu schaffen. Dies gilt auch als Gründung Islands. Der Lögberg (Gesetzesstein) war der zentrale Ort des Althing, wie diese Treffen genannt wurden, und eine natürliche Plattform, um Reden zu halten. Hier wurden auch die Gesetze des Rats verkündet, Prozesse geführt und Verkündigungen gemacht, die alle Siedler betrafen. Jeder Einwohner Islands konnte seine wichtigen Themen hier vom Lögberg aus vortragen. Angesichts der Geschichte hat dieser Ort immer noch eine sehr große Bedeutung für die Isländer und ist nicht nur für Touristen ein beliebtes Ausflugsziel.

Unsere Reiseführerin ist Studentin und ist vor zwei Jahren mit ihren Eltern nach Island ausgewandert. Sie sagt, die isländische Sprache sei sehr schwer zu lernen und man sagt, wenn sie

überhaupt jemand lernen könne, dann die Deutschen. Aber auch für diese sei es nicht einfach. Sie meinte, vielleicht noch zwei Jahre, dann wird sie es einigermaßen beherrschen.
Ich frage sie, ob Island Flüchtlinge aufgenommen habe, und sie meint: „Ja, es sind ein paar Flüchtlinge da, auch aus Syrien. Sie wurden in verschiedenen Ortschaften angesiedelt, damit sie sich gut integrieren. Für die Kinder ist das kein Problem, die fügen sich sofort ein, aber die Erwachsenen, wie man nach einer Umfrage herausgefunden hat, können nach zwei Jahren immer noch kein Isländisch, aber dafür perfekt Englisch." Sie lacht. Ich habe in Reykjavik einige Passanten Englisch sprechen hören. Isländisch ist eine germanische Sprache aus dem indogermanischen Zweig und sehr nah mit dem Altnorwegischen verwandt. Unsere Reiseführerin sagt, manche Begriffe seien auch dem Deutschen ähnlich, aber veraltetem Deutsch, wie zum Beispiel das Wort „Antlitz", das isländische Wort für Gesicht.
Ich traf vor vielen Jahren eine Isländerin in Asien, die mir erzählte, dass alle Isländer – außer ein paar Verweigerern – in einer Gendatenbank registriert seien. Für Forscher ist das natürlich eine tolle Sache, da die Isländer durch ihre Isolation eines der homogensten Genpools der Welt haben. Man kann hier viele Erkenntnisse über genetischen Ursachen von Krebs und anderen Krankheiten gewinnen. Doch auch die breite Masse nutzt die Ergebnisse. Meine Reisebekanntschaft erzählte mir grinsend, wenn sie jemanden kennen lerne, schaue sie gleich in die Datenbank, wie weit sie mit diesem verwandt sei. Gemeinsame Ururgroßväter sind nicht unüblich, und es ist in Island ein Running Gag, aus Versehen mit einem nahen Verwandten geschlafen zu haben.

So modern und aufgeschlossen Island erscheint, in einem Punkt möchten sie nicht mit sich reden lassen: dem Abschlachten der Wale. 2018 haben die Mitgliedsländer der Internationalen Walfangkommission (IWC) beschlossen, sich als Ziel „die Erholung und Erhaltung der Walbestände auf das Niveau vor der Industrialisierung“ zu setzen. Auch das Töten von Walen zu Forschungszwecken soll hiermit verboten sein, wie die Japaner es gerne vorschieben. Das sind gute Nachrichten, aber das Töten geht trotzdem weiter. Island und Norwegen verweigern sich seit Jahren der IWC und töten weiter Wale. Außerdem gilt der Beschluss nur für große Wale, Delfine werden weiterhin mehr als 100.000 jährlich gefangen und umgebracht.
Das ist für mich kaum zu verstehen, wie man diese hochintelligenten und freundlichen Tiere töten möchte. Wie ich schon bei Harari in „Eine kurze Geschichte der Menschheit“ gelesen habe, ist der Mensch das für andere Wesen tödlichste und gefährlichste Tier, das jemals den Planeten bevölkert hat. Es ist deprimierend, daran zu denken, wie viele Tierarten wir schon ausgerottet haben.

Florian ist leider wieder vom Bus fahren schlecht. Wie bei unserer letzten Tour vor zwei Wochen bekommt er starkes Kopfweh von den Schwefelquellen. Was das Schiff mit fünf Metern hohen Wellen nicht fertig bringt, der Bus schafft es. Also geht er früh schlafen. Mich können die verschiedenen Angebote heute Abend ebenfalls nicht aus der Kabine hervor locken und ich lese das Buch von Navid Kermani, das ich in der Bibliothek gefunden habe, bis mit die Augen zufallen.

Tag 18 – Krise

Beim Frühstück, das ich in der Regel alleine einnehme, ist heute Morgen am Nebentisch eine kleine Gesellschaft von besser Betuchten. Wahrscheinlich haben sie es nicht geschafft, die Suiten zu buchen, da sie schon weg waren, ein bisschen ist alles eine Zumutung hier, so wirken sie zumindest, aber das ist sicher nur meine Fantasie. Es sind drei Frauen und ein Mann, er ist offensichtlich der Ehemann der Frau mit Hochsteckfrisur, alle schätzungsweise über siebzig Jahre alt, der Mann noch ein paar Jahre mehr. Die Frauen wirken auf eine seltsame Weise uniformiert. Alle drei sind gründlich und perfekt geschminkt und tragen diverse Goldketten, Diamantringe und sonstige Accessoires. Sie strahlen eine Art Unnachgiebigkeit aus, eine stoische Haltung, die sich niemals zufrieden gibt und immer weiter an sich arbeitet. So als sei es niemals gedacht gewesen, welke Haut zu bekommen und nicht mehr jung zu sein. Es versteht sich von selbst, dass alle drei übermäßig dünn sind.
Der Mann schaut etwas angestrengt um sich, als wäre ihm bewusst, dass er nicht ganz dazu gehört. Die Damen sind in ein Gespräch über die Wellness-Anwendungen auf dem Schiff vertieft. Sie äußern sich kritisch über die Massagen (mangelnde Hingabe der Masseurin), Gesichtspackungen (haben der Haut nicht gut getan) und loben die Maniküre. Alle drei heben ihre knochigen Hände nach oben und wedeln mit ihren identisch roten Nägeln. Der Mann unterbricht kurz und sagt etwas in die Runde, das ich nicht verstehe. Seine Frau weist ihn ungeduldig zurecht: „Hast du etwa nicht zugehört? Das haben wir doch gerade besprochen“, und wendet sich ostenta-

tiv wieder ihren Freundinnen zu. Jetzt sieht er ganz verloren drein. Vielleicht hatte er sich die Schiffsreise im Vorfeld auch anders vorgestellt.

Wir genießen es, heute nicht so viel vorzuhaben. Zum Glück haben sich die Kopfschmerzen Florians wieder aufgelöst. Nachmittags hören wir mal wieder einem Vortrag des Lektors über die Shetland- und Orkneyinseln zu. Wir gehören quasi zu den treuen Fans hier auf dem Schiff und verpassen ihn nie. Danach lesen wir und Florian arbeitet auch an seiner Doktorarbeit, wir finden es heute gemütlich in unserer kleinen Innenkabine. Wir haben ein Bedürfnis nach Leerlauf und Ruhe. Noch ist die See ruhig, aber heute Abend soll es wieder hohe Wellen geben, bis zu fünf Metern.

Die Show mit Tante Woo und Roman Who? möchten wir dann doch nicht verpassen. Sie singen eine sülzige Soße von Musicalliedern, kitsch as kitsch can, es ist nicht ganz unser Fall, aber trotzdem schön. Dann gibt es aber doch ein paar berührende Momente, als Roman die Daphne, die Tante Woo, auf einen Stuhl in die Mitte der Bühne setzt und den Pianisten bittet, ihn zu einem Lied zu begleiten, ein Lied, dass er gerade auf sie zum 50.sten Geburtstag umgedichtet hat. Tante Woo ist überrascht und berührt, und das ist keine Show, kein Kitsch, sondern sehr schön und echt. Ich ertappe mich dabei, dass ich selbst feuchte Augen habe. Leider stürmt sogleich der Meckenstock die Bühne und mischt sich ein, indem er alle anderen Geburtstagskinder auf die Bühne bittet, damit sie zusammen feiern können. Und er liest vor: Annabell wird heute 77 Jahre alt und so weiter. Kein Wunder, dass nur eine

Frau sich zaghaft meldet und ein Glas Sekt auf der Bühne bekommt.

Als wir danach von der schiebenden Menge vorangetrieben das Theater verlassen und die überfüllte Bar sehen, bekomme ich die Krise. Es sind einfach zu viele Menschen hier, ich fühle mich eingesperrt, ich habe genug vom Schiff, ich sage Florian, dass ich die anderen nicht mehr ertrage. Ich ertrage auch nicht mehr das Oberflächliche, Künstliche, die pure Spaßphilosophie, die dumme Animation. Ich habe mehrmals mit Florian darüber geredet, warum das – übrigens uns beiden – so gegen den Strich geht. Zum Teil liegt es daran, dass uns immer wieder vorgebetet wird, was für eine tolle Reise das sei und wie viel Spaß wir hier haben. Ich möchte mir das nicht sagen lassen, ich möchte selbst entscheiden, wie ich die Reise finde. Ich möchte ein ehrliches Angebot – wir fahren euch dahin, kümmern uns ums Essen und es gibt auch ein paar Shows und Vorträge – und ansonsten soll man bitte die Deutungshoheit für die Reise mir selbst überlassen.

Mit all diesen Sprüchen geht auch eine Art Entmündigung der Passagiere einher, und damit eine subtile Erniedrigung. „Lassen Sie uns nur machen, wir wissen, was Ihnen gefällt und wie wir Sie am besten verwöhnen."

Und letztendlich geht es sowieso nicht um unser Wohlergehen. Das ist ja nur Mittel zum Zweck, um möglichst viel Geld in die Kasse der Reederei zu spülen. Bei diesem Aspekt sind aber auch alle Angestellten, bis hin zum Kapitän, einfach Rädchen in dieser Geldmaschinerie.

Ich verstehe David Foster Wallace gut, dessen Buch „Sehr amüsant – aber in Zukunft ohne mich" eine Woche Kreuz-

fahrt in der Karibik beschreibt. Das Buch ist sehr witzig und geht sehr tief, ist geradezu psychologisch, wenn er sich über die Sprache der Kataloge, die Menschen dazu bringen soll, eine Kreuzfahrt zu buchen, auslässt. Oder über das berühmte amerikanische Service-Lächeln, das selten mal auch die Augen erreicht. Es ist eine interessante Frage, was das eigentlich mit Menschen macht, wenn Kommunikation so wenig authentisch vor sich geht. Wobei nicht alles unauthentisch ist auf dem Schiff. Es gibt auch echtes Lächeln und echte Fürsorge.
Ein wenig stört mich auch die strenge Hierarchie, wie beim Militär. Vielleicht geht es auch nicht anders, aber viel Hierarchie zeigt in der Regel, dass wenig Bewusstsein da ist. Je mehr Regeln, umso weniger wird den Menschen zugetraut. Deswegen meide ich meist Umgebungen mit viel Hierarchie. Es ist eben eine bestimmte Art, miteinander umzugehen, und ich kann gut verstehen, dass Wallace auf seiner Reise immer deprimierter wurde.
Er litt allerdings schon von Haus aus an Depressionen und brachte sich ein paar Jahre nach dem Buch über die Karibikreise um. Ich gehe davon aus, dass kein Zusammenhang besteht. Trotz seines Genies war er ein bisschen eine verlorene Seele.
Nun, so schlimm ist es bei mir nicht, am nächsten Morgen bin ich wieder guter Dinge. Aber für mich, die gewohnt ist, alleine Rucksacktouren in aller Welt zu machen und sich dem Leben des Landes, das ich bereise, auszusetzen, hat dieses Kreuzfahrtreisen etwas, das nicht wirklich nahrhaft und nährend ist, so als habe man Hunger und bekomme nur Gummibärchen und Lakritze anstatt einer guten Gemüsesuppe. Und heute Abend wurde mir einfach schlecht von zu viel Süßkram!

Tag 19 – Shetland

Heute habe ich schon wieder eine Frühstücksgeschichte parat. Da ich morgens in Ruhe ohne belanglosen Smalltalk frühstücken möchte und meinen aktuellen Roman kaum zur Seite legen kann, nehme ich mein Buch in den Frühstückssaal mit. Ich suche mir einen Tisch, der etwas abseits liegt. Leider ist nur noch einer für sechs Personen frei. Blöd, da ich gerne für mich sein möchte, aber es wird doch trotzdem möglich sein, ein bisschen beim Frühstück zu lesen?

Ein Paar in Sportklamotten kommt vorbei und fragt, ob es hier sitzen kann.

„Gerne", sage ich höflich und wende mich wieder meinem Roman zu.

Es dauert keine Minute, bis ich bestraft werde.

„Das muss aber ein gutes Buch sein", grölt der Mann mich an. Er hat ein richtig rotes Gesicht, ich frage mich, ob das vom Bluthochdruck oder zu viel Sonne kommt.

„Ja, ein hervorragendes Buch", antworte ich höflich lächelnd. Seine Frau ergänzt mit näselnder Stimme auf Sächsisch: „Ich will ja nichts sagen, aber das ist ganz ungesund, was Sie da machen. Das ist nicht gut, beim Lesen zu essen, das weiß man doch. Da kriegen Sie ja gar nicht mehr mit, was Sie essen." Man merkt, wie richtiggehend geil sie es findet, jemanden belehren zu können.

Sie reden noch ein, zwei Minuten gleichzeitig, sich gegenseitig unterbrechend, auf mich ein. Ich habe keine Chance, zu Wort zu kommen.

„Kann ich jetzt weiter lesen?" frage ich bei der ersten Pause mit einem ironischen Unterton, den auch die größte Dumpfbacke normalerweise mitkriegt.
„Ja, ja, machen Sie, was Sie wollen", sagt die Frau beleidigt und steht auf, um sich ihr Frühstück am Buffet zu holen. Später sagt sie zu ihrem Mann: „Ein Niveau haben die Leute hier!" In so einer Atmosphäre macht es keinen Spaß zu lesen, ich verzieh mich mit meinem Kaffee auf Deck 10 und hoffe, den beiden nicht mehr zu begegnen.

Später ist Windstärke 9, Sturm, so navigieren wir vorsichtig zwischen den zahlreichen Inseln Shetlands auf unser Ziel zu. Das macht richtig Spaß, sich auf dem Außendeck den Wind um die Nase wehen zu lassen. Das Schiff hat sogar eine leichte Seitenlage von dem starken Wind. Der Kapitän gibt etwas pessimistisch durch, dass wir vielleicht nicht einmal auf Rede gehen können: „Mal schauen, ob der Hafenlotse überhaupt am Schiff anlegen kann." Nach der Durchsage wird der Wind aber plötzlich schwächer und wir lassen im Hafen von Lerwick den Anker hinunter. Es ist wegen des Windes zu gefährlich, wie geplant direkt am Pier anzulegen. Für uns ist das sogar gut, da wir mit dem Tenderboot sofort in der Innenstadt sind anstatt erst mit Shuttlebussen hinein fahren zu müssen.
Um ein Uhr wird unsere Nummer endlich aufgerufen und im Boot treffen wir die allernettesten Leute auf dem Schiff, ein Pärchen aus dem Osten, das so viel Wohlwollen und Freundlichkeit ausstrahlt, dass es einem ganz warm ums Herz wird. Wir plaudern miteinander und freuen uns an unserer Begegnung.

Nun holen wir schnell unseren Mietwagen ab. Jetzt wird es spannend. Ich fahre seit zwei Jahren nur Automatik, und nun muss ich links fahren und auch links schalten, aber ich stelle mich schnell um. So zuckeln wir, da der Wind immer noch sehr stark ist, mit höchstens 70 km die Stunde über die Insel in Richtung Südspitze, wo sich der Jarlshof, eine bekannte archäologische Ausgrabungsstätte, an einer geschützten Stelle in einer Bucht befindet. Allerdings, kaum sind wir da, kommen drei Busse mit unseren Reisegefährten und parken uns sogar zu. Aber was soll's? Der Jarlshof ist auch mit vielen Besuchern ein beeindruckender Ort.

Das Besondere an ihm ist, dass er seit der Jungsteinzeit ohne Pause bewohnt wurde und man von den Ausgrabungen einen Eindruck der Lebenswelten vieler vergangener Kulturen bekommen kann. Im kleinen Shop gibt es auch ein anschauliches Video, wie die Menschen der unterschiedlichen Epochen hier gelebt haben. Erst vor wenigen Jahrhunderten wurde der Jarlshof aufgegeben und vor mehreren Jahrzehnten wieder entdeckt und die Reste ausgegraben.

Florian kauft im angeschlossenen Shop eine Mütze, auf der „Shetland“ drauf steht. Die kann ich gut gebrauchen bei dem kalten Wind und setze sie gleich auf. Macht nichts, dass ich damit ein bisschen doof aussehe.

Nachdem mir zu kalt geworden ist, Florian aber noch fasziniert den Platz erforscht, suche ich mir ein geschütztes Plätzchen und schaue eine Weile den Vögeln zu, die sich ins Meer stürzen beziehungsweise einfach ins Wasser plumpsen lassen, um dann Sekunden später wieder auftauchen; manchmal haben sie sogar Erfolg und einen Fisch im Schnabel.

Wir fahren in Richtung Lerwick zurück und halten die Augen nach Shetland Ponys offen. Wir möchten auf keinen Fall wieder abfahren, ohne ein Paar dieser widerstandsfähigen Tiere gesehen zu haben. Doch nirgendwo ist ein Pony in Sicht. Wir biegen Richtung Norden ab und fahren die kargen Berge entlang, die in der spätmittaglichen Sonne leuchten. An einer Seitenstraße entdecken wir endlich zwei Ponys, halten an und spazieren zu ihnen hin. Ich singe ein Lied für sie, sie heben den Kopf und kommen sofort näher. Sie machen uns klar, dass ein kleiner Snack jetzt willkommen wäre. Das Schwarze mit seinem schiefen Pony sieht uns herausfordernd an, doch wir haben leider nichts dabei. Schnell verlieren sie das Interesse an uns und grasen wieder, ohne uns weiter zu beachten.

Am Abend stehen wir auf Deck im Nieselregen, als wir den Hafen wieder verlassen, und sonst ist auch niemand zu sehen, es ist einfach zu ungemütlich. Das Land, das im heraufkommenden Dunkel im Nebel liegt, sieht geradezu verwunschen aus.

Der Tag endet mit einem ziemlich lustigen Abend in unserer Kabine. Wir sparen uns den Meckenstock im Theater und sehen uns andere Kabarettisten im Fernsehen an. Wir sind müde und albern und es macht Spaß, einfach zusammen hier abzuhängen und die Gags zu kommentieren. Spät nachts wache ich nochmal auf, als wir von den Shetland Inseln wieder auf die offene See kommen, da das Bett derartig schaukelt, dass ich denke, ich falle heraus. Doch die Müdigkeit siegt, und schon bin ich wieder im Land der Träume.

Tag 20 – Orkney

Heute ist unser letzter Stopp am Hafen von Kirkwall auf den Orkneyinseln. Das Wetter ist durchwachsen, mal scheint die Sonne, mal regnet es, zudem .zeigt die Wolkenshow mal wieder, was sie kann. Ich stehe schon morgens mit meinem Kaffee an der Reling und schaue – mal wieder – den verschiedenen Inseln zu, wie sie vorbei ziehen.

Um acht Uhr morgens legen wir an, aber wir lassen uns heute Zeit und trödeln, erst um halb eins verlassen wir das Schiff. Auf den Orkneys gibt es allerhand Steinformationen, Steinkreise und Hügelgräber aus der Jungsteinzeit, die zum Teil sogar älter als Stonehenge sind. Ein paar davon möchten wir uns heute anschauen.
Florian hat dazu schon zu Hause die Busfahrpläne gewälzt. Wir fahren mit dem Linienbus in Richtung Stenness und steigen nach nur einer Viertelstunde an der Haltestelle Ring of Brodgar aus. Das ist auch gleich der Name des alten Steinkreises, zu dem wir möchten. Der Spaziergang bei scharfem Wind dauert ungefähr eine Stunde. Dabei passieren wir die etwas kleineren Stones of Stenness, wo ein paar versprengte Schafe zwischen den Steinen weiden, dann geht es am Wasser entlang weiter zu dem sehr beeindruckenden Ring of Brodgar. Leider ist ein Wall von außen aufgeschüttet, so dass man nicht durch die Steine hindurch wandeln kann und sie noch näher begutachten kann. Hier fanden vor langer Zeit Treffen und Versammlungen statt und die Steine sollen auch zur astronomischen Deutung errichtet worden sein. Wir bleiben trotz des

tollen Anblicks nicht sehr lange. Es ist kalt, auch wenn die Sonne immer wieder herauskommt; manchmal regnet es einen kurzen Schauer, aber durch den scharfen Wind sind wir in Windeseile wieder trocken. Mehrere Busse mit Touren von Aida passieren unseren Weg und unsere Mitreisenden schauen etwas mitleidig in unsere vom Wind und Regen geröteten Gesichter. Die flache Landschaft am Wasser gelegen ist wunderschön, es ist wirklich ein Genuss, hier herum zu laufen. Nach zwei Stunden sind wir zum Glück rechtzeitig wieder an der Kreuzung, so dass wir den Bus zurück nehmen können, der Wind zermürbt doch auf Dauer. Ich muss jetzt wieder in die Wärme und gehe sofort zurück aufs Schiff. Florian bleibt noch in der Stadt und schaut sich den großen Bishops Palace, eine ehemalige Bischofsresidenz, die heute nur noch eine Ruine ist, an.

Am Abend wollen wir mal wieder eine Show anschauen, die groß in der Bordzeitung angekündigt wurde: „Der Weltenwandler". Doch Lord Patrick kommt auf die Bühne und meint nur lapidar, dass wegen technischer Probleme heute die Show ausfällt. Stattdessen wird wieder der Film „Mama Mia" gezeigt.
Also hören wir ein wenig dem Pianisten in der Lambada Bar zu. Dort treffen wir auch Susanne, der wir immer wieder über den Weg laufen. Leider gesellt sich gleich der einzige indische Passagier des Schiffes zu uns, der offensichtlich schon gut betrunken ist. Und sofort ergießt sich ein Strom Wörter aus ihm: „Ich have so much money, I dont know what to do with it. So much money. My son is professor in Harvard, you know Harward? My other son is doktor, you know. I have nearly a

billion…" Uff, wir können seine Leier nicht stoppen, was für ein Angeber! Aber ernst zu nehmen ist er nicht. Da ich weiß, dass er gestern Susanne erzählt hat, dass die rund 20jährige Schönheit, die im Shop Zigaretten und Alkohol verkauft, seine Freundin sei, glaube ich nicht viel davon. Als er dann anfängt, in Hindi ein Lied für mich zu singen, sage ich, dass ich jetzt sofort ins Zimmer muss. Florian und ich verziehen uns und überlassen Susanne ihrem Schicksal. Aber wie ich schon mitbekommen habe, redet sie anscheinend ganz gern mit ihm. Ich war schon oft in Indien und habe viele wunderbare Menschen dort kennen gelernt, aber dieser Mann ist ein eher anstrengendes Exemplar und nicht wirklich typisch. Gut, dass ich ihn nicht schon früher kennen gelernt habe.
Zum Glück hat die „Heute Show", eine politische Satiresendung, ihre Sommerpause beendet und so sehen wir uns Oliver Welke an, wie er sich über die Welt auslässt und haben Spaß daran.

Tag 21 – Rückfahrt

Nun sind wir auf dem Weg nach Hamburg und es fängt an, langsam wieder wärmer zu werden. Für die nächsten Tage ist Sonne pur angesagt. Tatsächlich steht Deutschland schon wieder eine kleine Hitzewelle bevor. Aber wir sind nun abgekühlt, die Hitze kann kommen!

Vor dem Mittagessen gehe ich auf das Pooldeck, dort gibt es Eisschokolade, aber leider keine Sahne und Schokostreusel dazu. Dafür gibt es ein bisschen Animation. Eine Gastgeberin mit riesigem Lächeln– übrigens wird bei Aida der Begriff „Gastgeber" für all jene gebraucht, die etwas anbieten, ob es ein Tanzkurs oder Nanas basteln ist – bittet die Gäste, zu raten, wie lange sie schon auf den Aida-Schiffen arbeitet. „Es sind zwischen 200 und 2000 Tagen", verrät sie uns noch. Den Zettel mit der Zahl kann man dann in eine Box beim DJ rein werfen und wer am nächsten dran ist, gewinnt eine tolle Überraschung. Es braucht noch etwas Aufforderung, die Beteiligung lässt doch sehr zu wünschen übrig, aber dann sind ein paar Zettel in der Box gelandet und Julia oder Doris, ich habe leider schon wieder ihren Namen vergessen, macht eine richtige kleine Show daraus, diesen Zettel zu ziehen. Sofort jauchzt sie in ihr Mikrofon: „Und gewonnen hat... Rüdiger! Rüdiger, du hast 1111 geschrieben, fast ganz richtig. Rüdiger, bist du noch da?" Rüdiger, ca. siebzig Jahre alt, schlappt grinsend nach vorne. „Rüdiger, du hast hier etwas ganz Tolles gewonnen. Ein Kreativbuch, wie man Handtücher zu Tieren faltet, und das Besondere hierbei ist, dass sogar Augen dabei sind, zum drauf kleben. Das wird deiner Frau gefallen." Ihre

Stimme wird beim letzten Satz immer begeisterter und lauter. Sie ruft sogar zum Applaus für Rüdiger auf!
Irgendwie haben sie es hier mit sexistischen Sprüchen, ein Genderthema wäre mal eine gute Idee als Fortbildung für das Personal. Nach dem Raten folgt noch ein Interview mit DJ Nico, der die ganzen Wochen über fantastische Musik aufgelegt hat und früher Bestatter war.

Florian verschläft heute und dann haben wir tatsächlich doch einmal den Vortrag vom Trobitzsch verpasst, der jetzt ausnahmsweise morgens war. Dabei hätten wir gerne gehört, wie es so war bei den Samen, bei denen er ein ganzes Jahr lang gelebt hat. Auch wenn es vor so langer Zeit war, dass es schon gar nicht mehr wahr ist!
Deshalb schaut Florian sich nach dem Mittagessen um, ob er ihn finden kann, und dann sitzen sie lange zusammen und der Lektor freut sich, dass jemand gerne noch mehr Geschichten aus seinem Leben hören möchte.

Nachmittags gehe ich mit Melanie, eine Frau, die ich erst heute kennen gelernt habe, ins Theater, um mir den Film „Unvergessliche Momente“ anzuschauen. Auf unserer Reise begleiten uns zwei Kameramänner, die überall und ständig filmen, das Material sichten und dann auch schneiden. Regelmäßig kann man sich neues Material auf einem der Sender im Fernsehen anschauen. Und nun ist der Film fertig, und auf großer Leinwand sieht es ja besonders gut aus. Das gibt uns auch Gelegenheit, nochmals die lange Reise Revue passieren zu lassen. Kaufen möchte ich den Film allerdings nicht, das ist mir mit über siebzig Euro für anderthalb Stunden zu viel. Was außer-

dem stört, sind zwei längere von einer Dokumentation übernommene Sequenzen zu Städten, bei denen wir waren, und die vielen eingestreuten Kommentare von Reisenden, die ausschließlich eine große Lobhudelei für Aida veranstalten, also schon wieder nervige Werbung.
Mir wird wieder bewusst, wie rührig Aida ist. Es gibt keine Gelegenheit, die sie verstreichen lassen, um nicht irgendetwas anzubieten, wofür die Gäste doch noch ein paar Scheine locker machen könnten. Im Bordportal gibt es ja auch das online-shopping, da kann man zum Beispiel die Matratzen, die es auf dem Schiff gibt, in allen möglichen Größen und Längen kaufen, und natürlich die Kopfkissen dazu, oder die Bettbezüge. Den Kurs zum Handtücher falten gab es vor ein paar Tagen ebenfalls, ich glaube für 29 Euro. Wer gerne Kurse besucht und shoppen geht, ist bei Aida gut aufgehoben.

Danach ist schon wieder Essenszeit, immer essen, essen, essen! Wir sind uns da vollkommen einig, wir möchten jetzt eine Weile kein Essen mehr sehen (diese Anwandlung vergeht nach der Reise wieder schnell). Die Buffets sind wie am ersten Tag mit geschnitzten Gemüsekreationen geschmückt. Ich bin begeistert und fühle mich nur wenig betrogen, als Florian sagt, sie wären weniger für uns als für die neuen Gäste, die morgen kommen. Am Buffet treffe ich Susanne, die meint, sie äße später mit dem Inder. Für ihn wird extra indisch gekocht, und sie isst seine Reste. Das kann ich nicht verstehen, dass sie freiwillig diese Nervensäge erträgt, aber ohne Alkohol geht es vielleicht noch.
Bevor wir später zum Abschied mit Show auf das Pooldeck gehen (Lord Patrick sagt: „Die Crew möchte sich unbedingt von

Ihnen verabschieden!“), betrachten wir einige Ölplattformen und einen riesigen Windpark vom Umlaufdeck aus. Sie sehen wie seltsame gestrandete Gestalten aus dem All aus. Richtiggehend surreal, auch wie sie beleuchtet sind.

Auf Deck gibt es ein paar Reden, der schönste Lächelmoment wird prämiert (ein Sanitärfachmann gewinnt. Ein Passagier schlug ihn vor, weil er so glücklich war, dass er wieder seinem Geschäft nachgehen konnte. Wurde genauso vorgestellt, was alle zum Grinsen brachte).
Die ganze Crew kommt auf Deck, sie stellen sich auf und alle winken und freuen sich, wahrscheinlich, dass wir wieder gehen. Aber es hört ja nie auf, nachmittags sind schon wieder die neuen Gäste da, und alles beginnt von vorn.
Danach gibt es die wirklich letzte Show, mit Liedern von Simply Red. Florian und ich schauen ein wenig zu und trinken noch etwas in der Anytime Bar, in der wir zum ersten Mal sind und einen schönen Blick haben auf das Meer hinter uns, auf alles, was hinter uns liegt.

Tag 22 – Abschied

Beim Frühstück am nächsten Morgen ist die Abschiedsstimmung überall spürbar. Alle sind in Gedanken schon bei der Rückfahrt. Koffer stehen als Stolperfallen bei den Tischen. Überall werden Lieblingskellner verabschiedet, mal mit einem Nicken und „thank you“, mal mit einer herzlichen Umarmung. Alle sind ungeduldig, auch die Crew, die an diesem Tag, wenn die Alten gehen und die Neuen kommen, immer besonders viel zu tun hat. Seltsame Vorstellung, dass spätestens heute Abend schon wieder jemand anders in „unseren“ Betten schlafen wird.

Und dann packen wir unsere Koffer, verlassen das Schiff, nehmen ein Taxi zu Daniel, dem wir wie vor der Reise wieder einen Besuch abstatten, und jetzt ist die Reise endgültig zu Ende.
Sie war großartig, mit berauschenden und interessanten Momenten, wir haben viel gesehen und Eindrücke für eine lange Zeit gesammelt, und im Nachhinein verlieren selbst die nervigen Begebenheiten an Gewicht.
Und wer weiß, auch wenn wir jetzt froh sind, wieder festen Boden unter den Füßen zu haben, vielleicht erliegen wir irgendwann wieder dem Ruf der Ozeane und begeben uns wieder auf ein Schiff – doch vielleicht mit ein paar Einschränkungen. Erstens: eine bessere Umweltverträglichkeit des Schiffes und zweitens: weniger Menschen an Bord! Vielleicht ein Segelboot mit hundert Passagieren? Wir werden sehen!